A Granja do Silêncio

Paul Bodier

A Granja
do Silêncio

Documentos póstumos de um Doutor em Medicina relativos a um caso de reencarnação

"Feliz daquele que há podido penetrar as causas secretas das coisas."

Tradução de Guillon Ribeiro

FEB

Copyright © 1930 *by*
FEDERAÇÃO ESPÍRITA BRASILEIRA – FEB

15ª edição – 2ª impressão – 5 mil exemplares – 1/2016

ISBN 978-85-7328-884-1

Título do original francês:
La villa du silence
(Paris, 1921)

Todos os direitos reservados. Nenhuma parte desta publicação pode ser reproduzida, armazenada ou transmitida, total ou parcialmente, por quaisquer métodos ou processos, sem autorização do detentor do *copyright*.

FEDERAÇÃO ESPÍRITA BRASILEIRA – FEB
Av. L2 Norte – Q. 603 – Conjunto F (SGAN)
70830-106 – Brasília (DF) – Brasil
www.febeditora.com.br
editorial@febnet.org.br
+55 61 2101 6198

Pedidos de livros à FEB
Gerência comercial
Tel.: (61) 2101 6168/6177 – comercialfeb@febnet.org.br

Texto revisado conforme o Novo Acordo Ortográfico.

Dados Internacionais de Catalogação na Publicação (CIP)
(Federação Espírita Brasileira – Biblioteca de Obras Raras)

B667g   Bodier, Paul, 1851-1900.

       A granja do silêncio: documentos póstumos de um doutor em medicina relativos a um caso de reencarnação / Paul Bodier; tradução de Guillon Ribeiro. – 15. ed. 2. imp. – Brasília: FEB, 2016.

       167 p.; 21 cm

       ISBN 978-85-7328-884-1

       1. Reencarnação – Ficção. 2. Literatura espírita. I. Ribeiro, Luís Olímpio Guillon, 1875–1943. II. Federação Espírita Brasileira. III. Título.

                                                     CDD 133.9
                                                     CDU 133.7
                                                     CDE 80.02.00

Sumário

Prefácio *7*
Palavras do Autor *11*

PRIMEIRA PARTE 15
   Capítulo 1 15
   Capítulo 2 27
   Capítulo 3 33
   Capítulo 4 47
   Capítulo 5 53
   Capítulo 6 61

SEGUNDA PARTE 75
   Capítulo 1 75
   Capítulo 2 83
   Capítulo 3 95
   Capítulo 4 107
   Capítulo 5 115
   Capítulo 6 123
   Capítulo 7 135
   Capítulo 8 143

APÊNDICE 147

PREFÁCIO

Desde que o Espiritismo reapareceu no mundo, em meados do século XIX, pode-se afirmar que recebeu a consagração da Ciência, pois que, em todos os países, pela palavra de seus mais autorizados sábios, a realidade dos fenômenos espíritas foi tão repetidamente atestada que o leitor, desejoso de se convencer desse fato, ficaria obrigado a formar para seu uso uma verdadeira biblioteca.

O exame atento de todas as suas manifestações deu lugar à magnífica síntese explicativa que de modo completo responde às altas e melancólicas questões que jamais nenhum homem que pensa deixou de propor alguma vez a si mesmo: quem somos? Donde vimos? Para onde vamos?

É muito de notar-se que essa nova filosofia se apresenta equidistante das teorias materialistas e dos ensinos dogmáticos das religiões, se bem use dos métodos precisos da Ciência e se defronte com as mais elevadas especulações do esoterismo de todas as religiões.

Do maior interesse é, portanto, que se deem a conhecer ao grande público os fenômenos e as teorias do Espiritismo. Ora, o método que o autor desta obra

Paul Bodier

encantadora adotou é eminentemente apropriado a difundi-los pelas multidões, escoimando-lhe de toda aridez o estudo, bem como das discussões puramente científicas.

Em *A granja do silêncio*, tem-se uma narrativa empolgante que expõe, nas suas linhas principais, a parte fenomênica do Espiritismo e, muito embora a fabulação pertença toda ao autor, os episódios são rigorosamente exatos, porque assentes, de certo modo, em experiências fiscalizadas com a maior severidade.

Não é esta, aliás, a primeira vez que a literatura lança mão do que erradamente se chama "o maravilhoso". No século passado, os mais ilustres escritores não se dedignaram de aproveitá-lo. O grande Balzac, em Luís Lambert e Serafitus e Seráfita, tornou conhecidas as teorias swedenborguianas. Em Ursula Mirouet, não se arreceou de recorrer à aparição da sombra do velho doutor que vem consolar sua pupila, vítima das maquinações de uma família invejosa.

O prodigioso gênio dramático de Alexandre Dumas, pai, em Joseph Balsamo, nos faz assistir a cenas de magnetismo das mais variadas e, mesmo, uma aparição telepática, quando o filho de André de Teverny vê, na floresta de Villers-Cotteret, o fantasma de sua mãe. Finalmente, no Visconde de Bragelona, Atos, ao morrer, tem a visão da alma de seu filho, mortalmente ferido nas costas africanas, desprendendo-se do corpo e elevando-se no espaço.

Todos esses fenômenos se revestem hoje de uma realidade tão indiscutivelmente firmada que escritores como a Sra. Paul Grendel, o Dr. Wylm, Budyar e Kipling os utilizaram em publicações recentes que obtiveram o mais satisfatório acolhimento.

Estou absolutamente persuadido de que *A granja do silêncio* deliciará os que o lerem, porquanto, a par do

A GRANJA DO SILÊNCIO

crescente interesse da narrativa, da gradação inteligentemente estabelecida dos episódios, há nela discussões bem arquitetadas que realçam a importância filosófica de cada um dos sucessos, dando uma vista de conjunto da Doutrina Espírita e muito particularmente do ensino referente às vidas sucessivas, o qual se gravará na memória de todos os leitores.

O estilo é atraente, poético, sempre arrebatador e não se percebe o trabalho do autor, trabalho que, no entanto, há de ter sido considerável, para conseguir dar à sua obra tão acentuado cunho de realidade.

Agradeçamos, pois, ao Sr. Paul Bodier a nobre tarefa que empreendeu e desejemos que o público saiba apreciar o encanto desta obra, dispensando-lhe a acolhida que merece, porquanto tal livro é, ao mesmo tempo, uma bela obra e uma boa ação.

GABRIEL DELANNE
Presidente da União Espírita da França

PALAVRAS DO AUTOR

No dia 8 de maio de 1910, recebi um conciso telegrama, assim redigido:
"Doutor Gilles Bodin, moribundo, pede que venha imediatamente."
Causou-me certa surpresa o recebimento desse telegrama, já que nenhum laço de parentesco me ligava à pessoa que se dizia moribunda.
O doutor Gilles Bodin era um velho amigo de minha família, porém, até aquele dia, apenas relações vulgares existiram entre nós: um cartão que lhe enviava anualmente, por ocasião do ano-bom, uma curta visita que lhe fazia, quando me acontecia passar por Tours, minha cidade natal, onde ele residia e onde exercera a medicina por cerca de dez lustros.[1]
Havia já algum tempo que o doutor Gilles, muito idoso, pois que contava 80 anos, não mais praticava, por assim dizer, a sua arte e fora viver numa casinha muito próxima da estação de Tours.

---

[1] N.E.: De acordo com o *Dicionário Houaiss*, edição de 2009, lustro é "período de cinco anos; quinquênio".

Paul Bodier

Os laços de amizade que nos prendiam não justificavam, a meu ver, a expedição do telegrama acima; contudo, por deferência para com o digno ancião, entendi que me cumpria acudir ao chamado que me fora feito. Sem demora, tomei o trem mais rápido e, antes de decorridas cinco horas da minha partida de Paris, estava eu na residência do velho médico.

Imediatamente, me introduziram no quarto do enfermo, cujas forças e inteligência como que se reanimaram de súbito com a minha presença.

A um sinal seu, a enfermeira, que se achava ao lado da cama, retirou-se e fiquei a sós com o doente.

— Meu querido filho, — disse-me ele em voz baixa, ofegante — estou muito satisfeito por haver atendido com tanta solicitude ao meu chamamento. Apenas algumas horas de vida me restam e eu receava não lhe poder dar de viva voz algumas explicações acerca de um objeto que lhe quero entregar. Faça o favor de abrir aquela estante; na primeira prateleira de cima, há um embrulhinho que lhe está destinado; apanhe-o.

Sem responder, obedeci logo ao ancião, abri o móvel e, com efeito, achei o pacotezinho indicado.

— Agora — continuou o moribundo — venha sentar-se bem perto de mim e escute. O que neste momento lhe entrego é um manuscrito, todo ele de meu próprio punho; contém a narrativa da mais singular e extraordinária aventura que um ser humano possa conceber. Faça dessa narrativa o que melhor lhe parecer; confio-lhe o encargo de pôr em ordem as notas aditadas daqui, dali, e mesmo de retificar certas frases, caso algum dia resolva publicá-lo, e creio bem que se decidirá a fazer isso, não porque se trate de uma obra literária impecável, mas porque se tornará necessária essa publicação. Deixo-lhe, em

A GRANJA
DO SILÊNCIO

testamento, um pequeno legado para indenizá-lo do incômodo que presentemente lhe estou dando. Muito modestos são os haveres que possuo e que vão tocar aos meus herdeiros diretos.

Reservei-lhe, porém, a doação deste manuscrito, muito mais precioso do que todo o dinheiro que lhe pudesse oferecer, porquanto ninguém mais se encontra nas suas condições para compreendê-lo e utilizá-lo.

Ao acabar de proferir essas palavras, violenta crise sufocou o moribundo, obrigando-me a chamar a enfermeira.

Não obstante os cuidados que ela e eu lhe prodigalizamos, o doutor Gilles não voltou a si e uma hora depois expirava em nossos braços.

Respeitando as últimas vontades do meu velho amigo, lanço hoje à publicidade aquele manuscrito para que o público tome conhecimento da surpreendente história que lhe enche as páginas e julgue-a com toda a independência, depois de tê-la lido, porquanto a narrativa que se vai seguir é um fragmento do eterno poema da natureza, traduzido em linguagem humana. Ela anuncia a vitória da luz, do calor e da beleza contra tudo o que é desgracioso, obscuro e frio.

PAUL BODIER

PRIMEIRA PARTE

Capítulo 1

Se há um recantozinho da França onde se respire ar puro em planícies verdejantes e banhadas por lindo ribeiro é, sem contestação, o vale do Loire, e o viajor que, durante os meses estivais, segue o curso do plácido rio lamenta não poder precisar qual, dentre as duas margens, é aquela em que lhe seria mais grato fixar residência.

De fato, nos ridentes relevos das encantadas ribas da límpida corrente, perdem-se deslumbrados os olhares de quem lhe acompanhe o lento serpear.

Ali, há frescos valejos pontilhados de garridas habitações, rodeadas quase todas de floridos bosques; um pouco mais longe, outeiros cobertos de vinhas, ou plantados de árvores frutíferas, velhos muros tomados de trepadeiras, jardins muito limpos e bem desenhados, enquadrando casinhas elegantes que completam o mágico e ledo cenário que as circunda.

Mais adiante, surgem antigos solares em ruína, lembrando ao transeunte a ancianidade do país e de seus

Paul Bodier

monumentos, ao mesmo tempo em que a fecundidade de uma terra onde, para viverem, crescerem e morrerem, na paz ditosa do trabalho, se gruparam gerações sucessivas de industriosos habitantes.

Todos os que percorreram o vale do Loire trouxeram de lá as mais doces impressões, e muitas pessoas que conheci o buscaram como o retiro com que haviam sonhado em suas viagens para passarem os dias da velhice.

Próximo desse vale gentil, um pouco acima da cidadezinha de Château-du-Loire, é que costumava ir todos os anos gozar, em casa de meus avós, o período das minhas férias de estudante turbulento e às vezes pouco sério.

Ora, naquele ano de 1855, contava eu 20 primaveras. Acabara de receber o grau de doutor em medicina pela Faculdade de Paris e me sentia um tanto orgulhoso do meu diploma, numa idade em que o futuro e os projetos ainda nada mais são do que vagas palavras cujo significado mal se pode apreender e que sempre se apresentam com uma auréola de sonhos imprecisos, mas fortemente dourados pela vivacidade da nossa imaginação, sonhos que quase nunca se realizam e cuja tênue recordação se perde, um pouco mais tarde, como fugidia fumaça na vastidão de azulado firmamento.

Havia uma dezena de anos que eu regularmente passava os meses de agosto e setembro naquele delicioso recanto, perto da fronteira do Maine e da Turíngia, onde meu avô vivia tranquilamente de suas rendas. O digno ancião soubera fazer-me partilhar do seu gosto pela equitação (àquele tempo, a bicicleta ainda não fora inventada) e, graças às suas lições, tornara-me, senão um escudeiro emérito, pelo menos um cavaleiro muito sofrível, capaz mesmo de fazer boa figura num ginete algo fogoso. Na estrebaria, estavam sempre dois cavalos, um para meu avô, outro para mim, e muito frequentemente íamos assim, juntos, a

A GRANJA
DO SILÊNCIO

percorrer as estradas ainda não perturbadas, nessa época, pelo surdo estrépito dos automóveis em vertiginosa carreira. Nessas nossas excursões, divisávamos jubilosamente coisas aprazíveis que nos prendiam o olhar. Ah! que belos passeios demos então! Quantos sítios louçãos visitamos: Château-du-Loire, Marçon, Chahaignes e, bem perto dali, a dois quilômetros deste último, a linda floresta de Jupilles, que a civilização embeleceu com suas espaçosas aleias traçadas em todos os sentidos, verdadeiro bosque de Bolonha naquele cantinho do Maine, porém mais pitoresco, mais agreste e menos ruidoso e, no estio, o ponto de reunião que a gente moça preferia para as suas diversões, e as famílias, para suas festas.

Era uma floresta muito hospitaleira, tinha sorrisos e carícias para todos. Sob os pés das raparigas, desdobrava amplos relvados, macios quais tapetes do Oriente, onde todos podiam banquetear-se e dançar. Abria suas clareiras aos repastos campestres, emprestava suas árvores para os balouços, a sombra de seus carvalhos às sestas preguiçosas, às confidências suas veredas mais escondidas, aos desatados risos da juventude suas moitas sem espinhos.

Às vezes, abandonávamos a floresta e seus arredores para avançar do lado oposto, pelo território turíngio, talvez ainda mais lindo, mais garrido, e parávamos sempre nalgum albergue rústico a fim de saborearmos o vinho palhete que nos era servido em grande pichel de argila.

Quando o avô se sentia um tanto fatigado, deixava-me ir sozinho. Comprazia-me então em refazer as minhas cavalgadas pelos caminhos já palmilhados, em rebuscar na memória a denominação de cada propriedade com que deparava, em catalogar de certo modo as numerosas e atraentes habitações, de cujos proprietários o bom velho me dissera os nomes.

Paul Bodier

Ora, certa manhã em que partira assim ao acaso, dirigi meu cavalo por uma veredazinha particular que terminava no portão de uma propriedade mal entrevista da estrada.

Já muitas vezes, percorrendo a pé essa vereda, me aproximara daquele portão de ferro forjado que sempre encontrara fechado. Da casa bastante vistosa, com suas colunatas de mármore a lhe darem um ar vago de templo grego, ou de pequeno castelo, jamais vinha qualquer rumor, e os postigos fechados das janelas pareciam indicar que a habitação fora abandonada.

Nunca, com efeito, nas minhas passagens por ali, eu vira qualquer ser humano nas aleias do jardim, onde o mato invasor crescera, e um dia, interrogando meu avô, obtive lacônica resposta:

— É a Granja do Silêncio — disse ele — e não conheço o dono dessa estranha casa. Talvez mesmo seja desconhecido de todos desta terra, porquanto, desde bem longo tempo, a propriedade se acha em abandono, tanto que a gente daqui se acostumou a designá-la pelo nome de Granja do Silêncio por estar sempre hermeticamente fechada.

Não sei que curiosidade me impelia aquela manhã para esse "castelo" silencioso. Parecia que uma força desconhecida, independente da minha vontade, me incitava a procurar qualquer coisa, qualquer indício que me ajudasse a penetrar o mistério de tal abandono.

Chegando ao portão, saltei do cavalo, prendi-o a um dos varões de ferro e logo, sem refletir, como se alguém viesse abrir, peguei de um arame ligado a um sino que meus olhos divisaram, colocado muito alto, do outro lado da grade.

Puxei-o, a princípio, de leve, em seguida, com força, e, afinal, violentamente, pois que um ramo de trepadeira, enroscado nele, o impedia de vibrar.

A GRANJA
DO SILÊNCIO

Com o último puxão, o badalo tirou do bronze um som cavo, surdo, quase sinistro, que repercutiu qual eco nas profundezas do jardim. Um frêmito me percorreu todo o corpo; afigurou-se-me haver desazada e inutilmente despertado uma velharia adormecida e me senti contrafeito. Por sobre a minha cabeça e escondido na folhagem densa de copada árvore, um melro zombeteiro, assobiando ironicamente, respondeu ao ressoar do sino, cuja última vibração acabara de extinguir-se.

Como é bem de ver-se, ninguém acudiu ao meu chamado e naturalmente sorri do que afinal considerei uma criancice minha. Entretanto, minha curiosidade ainda não se satisfizera. Deixando, pois, o cavalo preso ao gradil, pus-me a costear as grades que cercavam o jardim.

Notei então, pela extensão dos muros que a limitavam, que bastante grande havia de ser a propriedade. Através do terreno situado atrás da casa devia estender-se um parque enorme, ou, antes, uma espécie de bosque, do qual eu apenas entrevia, comprimidas umas contra as outras e entrançadas, as frondes do arvoredo, mas cujas bases adivinhava perdidas em inextricáveis tramas de verdura.

Aguçada cada vez mais a minha curiosidade e não me parecendo muito alto o muro, assaltou-me um desejo louco de penetrar naquela mansão, a fim de percorrê-la em todos os sentidos. Afinal de contas, nada arriscava e me absolvia a mim mesmo da curiosidade que me dominava.

Sem mais refletir, trepei num marco encostado ao muro e de um salto ágil me achei em cima do capeamento. Experimentei ainda certa hesitação, que, entretanto, não durou mais de um segundo e, encolhendo os ombros à ideia de estar procedendo mal, deixei-me cair no gramado espesso do parque.

Era de fato um parque, mas cujos arruamentos mal se distinguiam. Forte e livre de qualquer constrangimento,

Paul Bodier

a vegetação tudo invadira. O mato se tornara alto e denso. Os tabuleiros de relva, outrora elegantemente traçados, haviam perdido suas formas geométricas e desaparecido quase inteiramente sob a folhagem de inúmeras plantas, cujas hastes, crescendo em todos os rumos, se tinham entrelaçado numa desordem extrema.

Aqui e ali, apareciam mármores e descobri uma nascentezinha, brotando e murmurando no soco de uma estátua de Anfitrite[2] que o tempo cobrira quase totalmente de musgo.

Quedei-me a olhar, em torno de mim, aquela confusão de plantas cujas lianas emaranhadas formavam, em certos sítios, tão cerrado matagal que a sua massa compacta me impedia de ver convenientemente a casa que, no entanto, distava pouco do lugar onde me achava.

Uma curiosidade cada vez mais forte me excitava a encaminhar os passos para a habitação. Para lá me dirigi e, ao aproximar-me, verifiquei que as janelas que davam para o jardim não estavam com as persianas fechadas, como as da frente.

Sempre a refletir, avancei em direção à porta e, com um gesto muito natural, tentei abri-la, esperando, aliás, encontrá-la cerrada.

Com grande surpresa minha, porém, ela se abriu e eu, adiantando um passo, dei com uma sala que me pareceu muito atravancada.

Grossa camada de pó recobria todos os objetos e me senti como que sufocado ao penetrar nesse compartimento, onde o ar era quase irrespirável. Precipitei-me para a janela, que consegui abrir sem esforço, e deixei-me estar por momentos encostado ao seu peitoril para respirar melhor.

---

[2] N.E.: Segundo a mitologia, deusa do mar, esposa de Netuno e mãe de Tritão.

A GRANJA
DO SILÊNCIO

Ao cabo de alguns minutos, pude prosseguir no meu exame e reconheci que a sala onde me encontrava era uma espécie de gabinete de trabalho.

Enorme secretária de carvalho esculpido lhe ocupava o centro, tendo à frente uma poltrona. Um tanto para o lado, viam-se algumas cadeiras que me pareceram bastante luxuosas, pois, tanto quanto a camada de poeira me permitia, pude perceber que tinha diante de mim móveis artisticamente trabalhados. Por detrás da poltrona, magnífica biblioteca ostentava suas prateleiras carregadas de livros.

Constantemente impelido por uma força inconsciente e como se de fato estivesse incumbido de inventariar tudo o que me rodeava, abri a biblioteca e tirei ao acaso um livro de uma das prateleiras.

Mas, no momento em que ia ler-lhe o título, ouvi atrás de mim um riso semelhante ao ruído de uma matraca. Voltei-me tão bruscamente que deixei cair das mãos o volume, o que produziu, por instantes, uma nuvem de poeira muitíssimo desagradável.

Isso, entretanto, pouco me importava naquele momento, dado que, com grande estupefação, vi diante de mim um velhinho de cerca de 60 anos que me encarava, fazendo ouvir incessantemente aquele riso estranho que me forçara a voltar-me tão vivamente.

Logo se me patenteou o ridículo da minha situação e, ruborizado e confuso, exclamei:

— Queira, senhor, perdoar o meu estouvamento, introduzindo-me na sua residência. Sou o Dr. Gilles Bodin e pode estar certo de que não trago más intenções. Somente uma inexplicável curiosidade me impeliu a vir aqui, crente, confesso, de não encontrar pessoa alguma, pois que supunha desabitada a casa.

Paul Bodier

— Ela, com efeito, o está; o senhor não se enganou — respondeu-me o velhinho com voz tão áspera quanto o seu riso.

— Mas, em todo caso, eu ignorava que o proprietário a visitasse de quando em vez e cumpro o dever de lhe exprimir todo o meu pesar de haver procedido tão desassisadamente para com ele.

Meu interlocutor soltou de novo a sua risadinha, esboçando um gesto irônico.

— Oh! o mal não é grande. Está inteiramente desculpado e, assim sendo, queira tomar o incômodo de sentar-se. Vamos conversar um pouco, se nisso assentir.

Com muita vivacidade, o velho se pôs a sacudir o pó de uma das cadeiras que, em seguida, me ofereceu graciosamente, indo depois se sentar na poltrona diante da secretária.

Vexado, reconheço, obedeci, deixando cair, que não me sentando, na cadeira que me era oferecida.

Só nesse instante reparei nos trajes singulares que trazia a personagem. Com efeito, trajava como os senhores do meado do século XVIII: calção, meias de seda, casaco de acordo com o calção. Numa palavra: diante de mim, estava um homem que parecia ter sobrevivido à sua época, e um gesto me escapou que traiu a minha surpresa.

De novo o velhinho fez ouvir o seu riso agudo e áspero que, não sei por que, me impressionava desagradavelmente, e me disse:

— Causa-lhe estranheza o meu trajar, não é? Está fora da moda, hein! Espantam-no o meu casaco e os meus calções. Que quer! É que, no meu tempo, a gente se vestia de modo muito diverso da maneira atual de vestir, nada mais.

Assombrado, ergui os olhos.

— No meu tempo? — balbuciei.

A GRANJA
DO SILÊNCIO

— Oh! sim, meu caro senhor, no meu tempo, isto é, quando eu era moço, quando tinha a sua idade, 25 anos, em 1755. Já lá se vai precisamente um século, pois, se me não engano, estamos agora em 1855.

Levantei-me de um salto e tão brutalmente que derrubei a cadeira onde estava sentado.

— Ora vamos, vamos — continuou a esquisita personagem, sempre muito calma. — Peço que me deixe prosseguir. Motivo bastante terá de se espantar muito mais quando souber...

— Quando eu souber... — repeti como um eco e cada vez mais atordoado.

— Então! O senhor não é curioso? Não o confessou ainda há pouco? Pois bem, asseguro-lhe que a sua curiosidade vai encontrar com que ficar satisfeita. Vamos, levante a cadeira, sente-se e continue a ouvir-me.

A essas palavras, senti que surda cólera me assaltava e exclamei com veemência:

— Está gracejando, senhor! Quererá talvez me punir de haver ousado entrar aqui e dá-se ao prazer de zombar de mim? Ousará pretender que vivia, há cem anos, em 1755?

— O que tive a honra de lhe dizer é, juro-o, a pura verdade e repito que, naquela época, tinha a sua idade, 25 anos, porquanto nascera a 1º de maio de 1730.

Abalou-me novamente um sobressalto.

— Peço-lhe, senhor, que acabe com essa brincadeira de mau gosto. Não sou uma criança. É inútil levar mais longe a farsa. O senhor não tem, não pode ter 125 anos. Se houvesse chegado a tão extraordinária idade, estaria mais curvado, mais alquebrado do que parece.

— Deus! Não desejo, meu caro, disputar nem mesmo discutir hoje com o senhor. Reservo-me para convencê-lo um pouco mais tarde, porquanto vamos tornar a ver-nos.

Paul Bodier

Amanhã, faça-me o favor de voltar aqui, à mesma hora. Eu também voltarei e conversaremos mais longamente.

E acrescentou:

— O modo por que me vou despedir da sua obstinada pessoa certamente o surpreenderá tanto ou mais do que tudo o que lhe acabo de dizer e lhe oferecerá matéria para refletir. A noite é boa conselheira. Antes, porém, de nos separarmos, quero prestar-lhe um serviçozinho. O senhor escalou o muro para vir até aqui e rasgou o seu paletó na manga esquerda, perto do cotovelo. Não precisa repetir semelhante ginástica. Pouco importa que seja bastante ágil; mais vale tomar caminho menos perigoso. Saia, pois, muito simplesmente pelo portão fronteiro à casa. Não tem mais que puxar o ferrolho que o fecha pela parte interior. Talvez encontre alguma dificuldade em fazê-lo correr, visto que as injúrias do tempo o enferrujaram bastante. Todavia, penso que o conseguirá e, amanhã, quando voltar, apenas calque com o dedo uma espécie de botão grande, colocado à direita, perto da maçaneta de ferro. O portão se abrirá e, do mesmo modo que agora, o ferrolho volverá ao seu lugar assim que o senhor tiver fechado o portão. É um mecanismo secreto, belo trabalho de um obreiro do século passado. Vamos! Boa tarde e, amanhã, sem falta.

Ia eu responder à fantasmagórica personagem quando, com enorme espanto meu, reconheci que já não o tinha na minha presença. Desaparecera instantaneamente. Olhei em derredor e verifiquei achar-me inteiramente só na sala.

Por momentos, julguei que meu cérebro ia rebentar, tão estupefato me sentia. Depois, volvendo um pouco à posse de mim mesmo, saí precipitadamente porta fora e esquadrinhei as cercanias, certo, no entanto, de que o meu interlocutor não poderia fugir com tanta rapidez.

A GRANJA DO SILÊNCIO

Ali, como na sala, nada vi e, perturbado, sem saber o que pensar, caminhei maquinalmente para o portão a fim de me safar o mais depressa possível.

Chegando próximo ao gradil, recordei-me das instruções que me tinha dado. O ferrolho, de fato, lá estava e sem esforço o fiz correr. O portão se abriu e de pronto o transpus. Puxei-o com força e ouvi um ruído seco, que me indicou haver o ferrolho voltado ao seu lugar.

Entretanto, curioso sempre, aventurei-me a calcar com o dedo o botão, que logo à primeira vista descobri no lugar designado. Sob a pressão, ouvi de novo um ruído seco e o portão tornou a abrir-se. Fechei-o imediatamente e, desamarrando o meu cavalo, que fazia pia fé, montei-o. Esporeado, o animal partiu veloz. Decorrido um minuto, ganhara eu outra vez a estrada e deixei-o correr a toda brida. Num galope louco, ele me reconduziu à casa de meus avós.

Capítulo 2

Como descrever o que se passou em mim depois de tão estranha aventura?

Com efeito, figurai um doutor em medicina que se vê presa de tão esquisitas alucinações como as de que me considerava vítima.

Devo confessar que acreditava na alucinação. Meus estudos médicos me haviam, afinal, ensinado que certa categoria de doentes tem alucinações auditivas e visuais e já me comparava a alguns dos nevropatas que examinara em diversas ocasiões, durante o tempo em que fora interno de clínica.

Entretanto, todo o meu ser se revoltava à ideia de que talvez estivesse atacado de uma enfermidade cerebral. Parecia-me, ao contrário, que todas as minhas faculdades se achavam perfeitamente equilibradas. Nunca fora nervoso, nem cometera abusos e também não era supersticioso. Conseguintemente, nada em mim denotava predisposição a doenças dessa natureza.

Entretanto, havia uma coisa que me desconcertava: eu saíra da granja abrindo e fechando as portas da maneira que me fora indicada. Disso estava certo, e aí não havia cabimento para alucinação alguma.

Paul Bodier

Por outro lado, não dera pelo rasgão que sofrera o meu paletó quando saltei o muro e me lembrava perfeitamente de que o velhinho assinalara o acidente.

Seria isso uma alucinação? Não, porquanto o rasgão existia.

Mas, se não houvera alucinação, como explicar o desaparecimento súbito do meu interlocutor?

Em vão torturava o espírito. A solução do enigma só se me apresentava sob a forma alucinatória, e crescente inquietação de mim se apoderava ao pensar no que me poderia suceder.

Ficaria sujeito a um delírio de interpretação e a ver surgir a todo o momento, ante os meus olhos, espectros ridículos, grotescos, horrendos ou bufos que me apegariam para me atormentar, ou escutaria vozes a me murmurarem aos ouvidos coisas estranhas ou despropositadas?

Que perspectiva para um doutor em medicina!

Contudo, raciocinando friamente, eu me tranquilizava um pouco, porque chegava a comprovar que em mim nenhuma perturbação havia, nenhum sintoma de qualquer mal. Não tinha febre, nem cefaleia; sentia o pulso regular, bem cadenciado; tudo no meu organismo parecia completamente normal.

Plantei-me defronte de um espelho a me examinar o semblante, que reconheci ser o mesmo de sempre. Trazia colorida a epiderme, não descobri nenhum traço de fadiga e nos olhos apenas notei um ponto de espanto, que se me afigurou mesmo algo ridículo.

Sorri e dei de ombros. O espelho, que refletia a minha imagem, me devolveu o sorriso e o gesto. Ante esse espetáculo, em si mesmo um tanto grotesco, tomei-me de louca alegria. Pus-me a rir às gargalhadas. Mas, de súbito, estaquei, a tremer. Rápida qual relâmpago, uma ideia me atravessara o cérebro.

A GRANJA
DO SILÊNCIO

Aquele ridículo exame a que me entregava havia tantos minutos não seria indício de um estado muito especial de espírito e muito de inquietar? Não seria o sinal premonitório de uma crise fatal, prestes a estalar? Que situação, meu Deus! Acabrunhado, deixei-me cair numa cadeira.

Passados, porém, breves segundos, levantei-me de um pulo e ganhei a porta. Saí de modo tão brusco que quase atirei ao chão minha estimada avó, que no momento vinha entrando.

— Oh! Gilles! Porventura, enlouqueceste? Andas sem sequer olhar para frente? — exclamou a digna senhora.

Corri para ela a me desculpar. Abracei a pobre velha, que, sorrindo, continuava a me apoquentar.

— Palavra de honra, meu filho, tinhas há pouco o aspecto de um doido!

Tinha o aspecto de um doido! Desse modo, minha avó exprimia, a rir, o que tanta apreensão me causava. Sem deixar que ela percebesse o meu sobressalto, fingi grande hilaridade e respondi:

— Oh! avozinha, doido, eu! Não, não, felizmente. Foi apenas um pouquinho de estouvamento.

Pensava comigo mesmo: "A pobre mulher diz a verdade: estou ficando louco." Porém, uma vez mais, o meu raciocínio venceu essa ideia.

Por acaso, um louco raciocina sobre a sua loucura, analisa todas as suas sensações, como o homem são? Ora, a esse respeito, nenhuma dúvida se justificava. Eu analisava perfeitamente as minhas e, para me convencer disso, fiz logo uma experiência a fim de verificar se a memória não me claudicava.

A desaparição parcial ou completa da memória é, muitas vezes, o sinal característico de certas loucuras e, mentalmente, me apliquei em recorrer à minha para recordar certas coisas relativas à arte que exerça.

Paul Bodier

Afigurou-se-me perfeita a minha lucidez. Não só a memória nenhuma falha revelou, como, ao contrário, me pareceu que nunca fora tão precisa. Diante desse resultado, fiquei confuso e de novo dei de ombros.

Louco!... Ora, vamos! Não! Íntegras estavam todas as minhas faculdades, era excelente a minha saúde, nenhum mal estranho se desenvolvia em mim, e o melhor partido que me cabia tomar era, o mais breve possível, tirar a limpo a aventura em que me achava envolvido.

Refleti por longo tempo e me lembrei de que vira no parque, à esquerda da granja, construções que me pareceram dependências destinadas, provavelmente, à residência da criadagem. Com certeza, fora um criado, talvez o único guardião da propriedade, que me pregara aquela partida, dando-se ares de homem do século passado.

Essa explicação, se bem que simplista, me satisfez e nem por um instante me veio à mente a ideia de pensar na vida do guarda misterioso daquela propriedade abandonada. Assim como um náufrago se agarra desesperadamente ao que encontra à mão, meu espírito aceitava a primeira ideia que se lhe impunha e, ao mesmo tempo em que procurava convencer-me do valor absoluto de tal interpretação, deliberei vingar-me do mistificador e frustrar-lhe o ardil e a habilidade.

Seu súbito desaparecimento, quando comigo conversava, considerei mero truque bem imaginado e, com um encolher de ombros, desdenhei de mim mesmo, que me deixara cair em qualquer grosseira armadilha.

Tinha-me dito que voltasse no dia seguinte. Pois bem! Voltaria e, então, tiraria a limpo tudo o que se me afigurava obscuro.

A GRANJA DO SILÊNCIO

Logo me voltou, plena e inteira, a confiança em mim próprio, e foi com o sorriso nos lábios e jovial, como poucas vezes me acontecia estar, que acabei o dia a passear pelo campo ensolarado.

Capítulo 3

No dia seguinte, que era uma quinta-feira, logo depois do almoço, me dirigi sozinho e a pé para a granja a fim de ser pontual ao encontro que me fora marcado.

No caminho, esfreguei as mãos e ri à socapa, pensando no que ia fazer.

Estava pesado o ar e sufocante o calor. Sem embargo de uma e outra coisa, caminhava a passo rápido, pouco me importando com a temperatura, impaciente para chegar.

Em menos de meia hora, lá me achei e, presto, como se ali já houvesse ido muitas vezes, abri o portão, fazendo funcionar o mecanismo secreto, e segui em direção ao aposento que dava para o jardim e em que se passara a entrevista da véspera.

Sem dificuldade entrei na sala e, ao primeiro relancear de olhos, verifiquei estar tudo nos mesmos lugares. A janela se conservava aberta, o livro que eu tirara da prateleira e deixara cair continuava no chão, aberto em meio à poeira. Apanhei-o. Instintivamente, meu olhar se deteve naquelas páginas e reconheci que era uma história da vida de Joana d'Arc.

Maquinalmente, li as primeiras palavras impressas no alto de uma folha: "Joana ouvia vozes..."

Paul Bodier

Parei. Invadira-me de súbito uma sensação de inexplicável medo, a tal ponto que só com violento esforço de vontade consegui dominar-me completamente. Fechei o livro e o coloquei em cima da secretária. Depois, peguei da cadeira em que no dia anterior me sentara e a coloquei bem encostada à parede fronteira à porta, ao lado da janela sempre aberta, de modo que, sentado ali, podia vigiar uma e outra.
 Seria, de fato, impossível que alguém entrasse por uma das duas aberturas sem que eu o visse. Porém, não me cingi a isso.
 Muito pausadamente, muito metodicamente, procedi a uma inspeção em meu derredor. Bati nas paredes para verificar se algum som oco se produzia e se não haveria dissimulada alguma saída. O mecanismo secreto do portão me induzia a supor que outras existiriam, e todo o meu empenho era evitar qualquer surpresa.
 Ao cabo de alguns minutos, convenci-me de que nada no aposento permitia a suposição de que qualquer dispositivo especial ocultasse a menor abertura.
 Inteiramente satisfeito com o resultado do meu exame, voltei a sentar-me na cadeira e, com os olhos na janela e na porta que me ficava em frente, esperei.
 Ah! Não foi de longa duração a minha espera. Dois minutos, porventura três, não se haviam passado e eis que de repente ouço à minha direita o risozinho agudo que na véspera me impressionara tão desagradavelmente. Volvi os olhos e brusco me levantei ao ver a mesma personagem com quem já estivera conversando.
 Contemplava-me com ar zombeteiro, a piscar os olhinhos, e, tendo a mão direita pousada sobre o abdômen, parecia querer suster uma gargalhada prestes a rebentar.

Tão assombrado fiquei que perdi a voz. Queria falar, mas nenhum som me saía da garganta, e a personagem não desviava de mim o olhar.

Afinal, fazendo grande esforço, logrei articular algumas palavras.

— Como vê, senhor, muito surpreendido me acho. Por onde entrou nesta sala?

— Não entrei, vim — respondeu o velhinho, tornando-se sério.

De nenhum modo essa resposta ambígua me satisfez.

— Está bem, mas, afinal, como veio? — perguntei um tanto agastado, já tendo readquirido certo sangue frio.

— Oh! é evidente que não penetrei aqui como o senhor. Não passei por aquela porta e, ainda menos, pela janela. Vim, nada mais.

A essa outra resposta, senti que me tornava agressivo.

— Escute, senhor, penso de todo inútil continuar nesse tom a nossa entrevista. O gracejo tem limites e eu muito lhe agradeceria não o levar adiante.

— Mas, absolutamente, não estou a gracejar. Se consentir em acalmar o seu nervosismo, dar-lhe-ei explicações que, certo, o convencerão de que não sou um farsista. Tenha a bondade de sentar se, que longa vai ser a nossa conversa.

Petrificado pelo tom muito sério em que falava o ancião, nada repliquei e me deixei sair numa cadeira, enquanto ele se sentou na poltrona que ocupara no dia anterior.

Guardamos silêncio por alguns momentos, examinando-nos um ao outro.

— Refletiu alguma coisa de ontem para cá? — inquiriu subitamente a personagem.

— Pouco, confesso-o, e a sua chegada incompreensível de ainda agora me lança na mais profunda estupefação.

Paul Bodier

— Pois bem! Repito hoje o que lhe disse ontem. Devo, além disso, informá-lo de que, não obstante a data do meu nascimento, não tenho a idade de 125 anos, matemática e humanamente falando. Minha vida terminou aos 65 anos. Nascido a 1º de maio de 1730, morri exatamente no dia do meu aniversário, a 1º de maio de 1795.

Grande foi o meu espanto, porém um gesto do velho me acalmou.

— Sim, caro senhor, repito: morri em 1795. Julga porventura que o fenômeno da morte que nos arrebata do planeta Terra, onde o senhor ainda vive, extingue para sempre a vida do espírito? Como quase todos os humanos, acredita, é certo, na imortalidade da alma. Entretanto, por efeito de lastimável raciocínio, vê-se na impossibilidade de explicar a síntese dessa alma com o corpo que agora lhe pertence. Ignora tudo da vida da alma, quais os fenômenos que a comprovam e quais as consequências que dela decorrem. Antes de instruí-lo sobre esse ponto, preciso começar narrando-lhe a minha existência, dizendo quem sou, remontando ao meu nascimento, perquirindo a vida de meus antepassados e, quando tiver concluído essa exposição, completarei a narrativa com alguns esclarecimentos que lhe permitirão compreender por que estou aqui na sua presença, por que pareço um ser humano como o senhor, um tanto arcaico para a época atual, mas, em suma, perfeitamente vivo, conforme o provarei.

A essa afirmativa, não pude deixar de chasquear:

— Como pode o senhor estar, ao mesmo tempo, vivo e morto?

— Eh! Eh! Isso depende do modo de entender. Estou bem morto, se o senhor entende que estar morto é haver deixado o planeta terreno; entretanto, estou bem vivo, pois que gozo da vida espiritual fora dos meios que o

A GRANJA
DO SILÊNCIO

senhor conhece. Porém, torno a dizer: um pouco mais tarde, explicar-lhe-ei essa sutileza. Deixe-me primeiro contar-lhe toda a minha história.

Lancei um olhar à janela aberta de par em par pela qual se descortinava o parque abandonado e afogado no relvado verdejante dos tabuleiros, quase a confundir-se com as longas folhagens que desciam dos galhos do arvoredo, um tanto curvado para o solo, e por momentos pensei em fugir. Cheguei a levantar-me; porém, logo, fazendo um gesto de desânimo, expressivo da impotência em que me via para agir, deixei-me cair de novo na cadeira, fascinado pelo enigmático velho, o qual se pusera outra vez a rir com aquele risozinho seco que me fazia passar pelo corpo um frêmito desagradável e consenti que começasse a sua narrativa.

— Como já lhe disse — prosseguiu ele — nasci a 1º de maio de 1730 e descendo de uma das mais antigas famílias nobres da Turíngia. Meu pai cultivava as mais altas relações na corte do rei da França. Era amigo íntimo do cardeal Fleury, que em 1726 fora nomeado primeiro-ministro. Essa intimidade lhe valeu afinal ser investido, em circunstâncias diversas, de funções muito importantes, entre outras, as de representar a França na celebração do Tratado de Viena, em 1738, que pôs termo à guerra de sucessão da Polônia.

"Até 1743, minha família figurou na corte de Luís XV, porém, nesse ano, que foi o do afastamento do cardeal Fleury, meu pai se retirou para a Turíngia e só de longe em longe aparecia na corte. Tornou-se um gentil-homem camponês em toda a acepção do termo. Eu mesmo, só em 1755, vim a conhecer a corte de Luís XV.

"Contava então 25 anos. Em 1756, morreu meu pai, deixando-me como único herdeiro de seus direitos

Paul Bodier

e de seus bens, bastante consideráveis. Rico e ocioso, fiz-me, ao contrário dele, um gentil-homem cortesão e quando, alguns anos mais tarde, começaram a fazerem-se sensíveis os funestos efeitos do predomínio dos favoritos do monarca reinante, estava eu muito nas boas graças de Luís, o Bem-amado.

"Silenciarei sobre a história da minha vida durante os poucos anos em que gozei dessa situação. Até 1774, o da morte de Luís XV, nunca tive outra divisa senão a que tão tristemente celebrizou o meu soberano. A corrupção, que até nos degraus do trono se estadeava, repontava nos costumes da nobreza, que fechava obstinadamente os olhos aos abusos, cujas consequências as classes média e pobre sofriam cruelmente. Ao morrer Luís XV, seus companheiros de orgias se viram obrigados a ter em conta a opinião pública, profundamente agitada pelos escritos dos filósofos Voltaire, Montesquieu e Rousseau. O advento do novo rei me forçou, pois, a retirar-me para meus domínios, e, conquanto muito pesaroso por não poder a minha vida de devassidão durar até a morte, segundo a divisa tão cara ao falecido soberano, tive que esconder na solidão a minha vergonha.

"A lembrança do que fora meu pai, gentil-homem camponês, deveria induzir-me a lhe seguir o exemplo; mas não me era possível adaptar-me com facilidade à vida simples e virtuosa que ele levara. Depois, estava ainda moço, com 44 anos apenas, e, se bem que já prematuramente envelhecido pelos meus desregramentos, ainda me sentia vigoroso bastante para continuar por largos anos naquele gênero de vida.

"Mas os tempos haviam mudado. O novo rei, Luís XVI, gozava de grande reputação como homem virtuoso, e sua ascensão ao trono fora saudada com aclamações entusiásticas, que eram simultaneamente um protesto contra as torpezas do reinado precedente. Abortaram-se lamentavelmente todas as minhas maquinações para brilhar na nova corte e tive que me resignar com a minha sorte.

"Todavia, malgrado o meu afastamento forçado, cuidadosamente me conservei a par de todos os sucessos. Ficara sendo um senhor onipotente na minha província, e meus títulos me deram direito a participar dos Estados Gerais, quando se reuniram em Versalhes, no ano de 1789. Os trabalhos e as discussões daquela assembleia me modificaram profundamente as ideias. Reconheci que se aproximavam acontecimentos graves e julguei de bom aviso manter-me em prudente reserva, aguardando-os.

"Repito: era onipotente na minha província. O haver-me conservado ausente dela, quando fora um dos favoritos de Luís XV, não comprometera o meu prestígio. Em suma, beneficiava-me das virtudes paternas, sem de modo algum sofrer a pena dos meus excessos. Ademais, em 1789, estava eu com 59 anos.

"Atraíam-me nessa época interesses materiais diversos dos que até ali me haviam prendido, de modo particular, a atenção. A grande fortuna que meu pai me deixara se achava consideravelmente diminuída em consequência das minhas dissipações. Só muito vagamente eu entrevia a possibilidade de a restaurar, tirando partido das perturbações governamentais.

"Era completa em mim a ausência de escrúpulos. As loucuras da minha mocidade na corte de Luís XV me haviam pouco a pouco levado a só ter em consideração os meus prazeres e gozos, nada me importando os direitos alheios. Simultaneamente às minhas paixões, o egoísmo se desenvolvera em mim.

"Aproveitei-me, com muita habilidade, dos acontecimentos e, em plena Revolução, logo após a execução

Paul Bodier

de Luís XVI, fácil me foi, relativamente, arvorar-me de defensor dos interesses do povo, embora decidido a me mostrar mais tarde ferozmente despótico, quando julgasse oportuno o momento.

"Aparentei ceder de boa mente aos acontecimentos, abrindo mão, sem hesitar, de meus títulos e prerrogativas. Logrei considerar-me a mim mesmo e parecer a todos um verdadeiro *sans culotte*.

"Graças a esse subterfúgio, que considerava habilíssimo, tornei a ser, com efeito, um proprietário extraordinariamente poderoso. Se, por um lado, abrira mão dos meus bens, por outro, conseguira apossar-me de outros muito mais importantes, imensos, confiscados aos emigrados, e desse modo cheguei a quadruplicar os meus haveres, tudo em boa harmonia com as novas leis decretadas.

"Ainda mais para bem firmar a minha situação, fiz-me o acusador de todos os que possuíam qualquer título nobiliárquico, e foi isso que determinou, naquela época, o fato capital da minha vida, fato que lhe vou narrar porque constitui, em última análise, a causa principal da minha presença aqui neste momento."

Desde que o ancião dera começo à sua narrativa, eu, como que hipnotizado e prodigiosamente interessado pelo que ouvia, não mais me mexera sequer.

Aproveitando ligeira pausa do narrador, dei mostras de querer aventurar algumas palavras. O velhinho, porém, com um gesto quase súplice, fez sinal para que me calasse.

— Breve é o tempo de que disponho; peço-lhe, pois, que não me interrompa. Tudo se explicará depois; inútil é, portanto, que me faça perguntas. Se, por um instante, lhe pareço, e o sou realmente, um ser de carne e osso, como o senhor, nem por isso deixo de ter, fora desses estados transitórios que vontades superiores me permitiram tomar, um poder e faculdades de que o senhor nem sequer suspeita, mas que, com a continuação dos fatos, chegará a compreender.

"Assim, em plena tormenta revolucionária, pensara, também eu, em me vingar de meus inimigos. Entre estes havia um certo marquês de Rosay, a quem detestava de modo especial pela razão seguinte: quando, pelo advento do rei Luís XVI, me vi constrangido a retirar-me para as minhas terras de Turíngia, veio-me, passados meses, a ideia de me casar a fim de alegrar um pouco a minha solidão e, como homem prático, lancei os olhos para a filha do marquês de Rosay, meu vizinho.

"Incontestavelmente, o marquês e eu éramos os dois mais poderosos senhores naqueles domínios. Outrora, as nossas famílias haviam sido mesmo, de certo modo, aliadas. Separaram-se depois, definitivamente, por efeito de não sei que contendas. O que é certo é que, quando me aventurei às primeiras tentativas junto do marquês, fui tratado com extrema dureza e posto fora pelos seus criados.

"Tanto mais cruel me foi essa repulsa quanto em mim um sentimento novo nascera, produzido pelos encantos de Germana, a filha do marquês. Seria em verdade amor ou simples capricho como tantos outros que tivera na minha vida dissoluta? Impossível me teria sido defini-lo com exatidão, mas, ante a recusa do marquês, estranho fenômeno se deu comigo. Englobei no mesmo ódio o pai e a filha, jurando não deixar de vingar-me no dia em que as circunstâncias me parecessem propícias para isso.

"A quadra agitada que atravessávamos facilitava a execução dos meus tenebrosos projetos e afigurou-se-me azado consumar a ruína do marquês, que já estava muito velho, quebrando, e do mesmo golpe, a altivez da filha que nunca se casara para consagrar-se toda a suavizar a velhice do pai.

Paul Bodier

"Nenhum dos dois havia deixado o país, onde se julgavam em segurança, malgrado as violências que em torno de ambos se praticavam. Creio até que me haviam esquecido completamente, pois, a não ser assim, decerto se teriam posto em guarda contra as emboscadas que me dispunha a lhes armar.

"Excitados por mim, alguns exaltados saquearam o castelo onde residiam o marquês e sua filha, e ambos se viram forçados a procurar na fuga a salvação. Essa era a ocasião que eu esperava.

"À frente de homens armados, verdadeiros bandidos que recrutara, lancei-me em perseguição dos fugitivos e os alcancei na floresta de Jupilles, hoje tão risonha e tão linda. Era à tarde, o Sol ia sumir-se e seus derradeiros raios, como flechas de ouro, varavam as sombras da floresta. Chegando a uma clareira, o velho marquês e sua filha, com alguns dedicados servidores que os acompanhavam, pararam, a fim de repousarem um pouco e prosseguirem a viagem quando fosse noite, pois que assim fugiriam mais garantidos.

"A minha pequenina tropa cercou as pobres criaturas, antes mesmo que houvessem podido tentar um movimento de defesa, e, à minha ordem, foram todos fuzilados quase que à queima-roupa. Atingido em cheio na testa por uma bala, o marquês caiu ao chão com os braços em cruz. Espavorida, a filha lançou-se sobre o corpo, soltando gritos dilacerantes.

"Aproximei-me, friamente, a escarnecer e apontei--lhe a minha arma. O tiro partiu e a infeliz mulher rolou sobre o cadáver do pai. Súbito, porém, como que impelida por uma força irresistível, quando já eu a tinha por morta, ela se ergueu um pouco e, apanhando uma pistola que caíra das mãos de um dos do seu séquito, fez fogo, por sua vez, contra mim e quase simultaneamente ambos baqueamos sobre o corpo do marquês.

"Fui assim morto naquela tarde de 1º de maio de 1795."

A essas últimas palavras, novo movimento de revolta me assaltou.

Fazendo um gesto com a mão, o narrador me impôs silêncio.

— Fui morto, sim; perfeitamente! Por muito extraordinário que isso lhe pareça, é assim. Sei que está ardendo por me dirigir toda sorte de perguntas. Seja menos impaciente e se verá em breve plenamente satisfeito.

"Sou, se o quiser, um fantasma. Sem embargo do meu envoltório corporal, momentaneamente materializado para lhe ser visível, pertenço ao mundo dos defuntos, os quais, seja dito sem ironia de minha parte, estão infinitamente mais vivos do que os seres terrenos, em cujo número ainda o senhor se acha incluído.

"Certamente, em vez de consentirem que eu lhe aparecesse, como o fiz, as vontades superiores a que me encontro sujeito teriam podido permitir que eu me mostrasse a qualquer outro, a um campônio, a um labrego, a um pastor, os quais iriam imediatamente à cata do respectivo cura para o cientificarem de que haviam visto uma aparição.

"O que aconteceria?... O que já se tem dado em muitas circunstâncias análogas. Poriam em cena o demônio, esse famoso demônio que nunca existiu senão na imaginação fraca dos crentes católicos, e não deixariam de fantasiar qualquer história insensata, na qual a Igreja Romana desempenharia o papel mais simpático.

"Muito ao contrário, porém, as vontades superiores que me guiam fizeram-me apresentar eu ao senhor, que não é supersticioso, que é um cientista, por ser preciso que um homem assim observe fenômenos desconhecidos, ou, antes, mal conhecidos.

Paul Bodier

"Note, contudo, que não estou aqui para travar uma discussão religiosa. Todas as religiões se sumirão pouco a pouco diante do progresso da ciência e da verdade, que instaurarão a verdadeira religião do Amor. Entretanto, na hora presente, elas ainda bastam a alguns Espíritos escassamente cultos, e fora erro querer alguém convencê-los antes de os haver instruído e ensinado a raciocinar com lógica.

"Ainda não cheguei ao termo das minhas revelações. Por hoje, todavia, não irei mais longe. Daqui a três dias o senhor voltará a esta casa e prosseguirei na minha narrativa, visto que bem poucas coisas lhe tenho dito até agora. Mas não quero que nos separemos sem o pôr em condições de verificar algo dos meus dizeres.

"Necessariamente, e isso é muito compreensível, o senhor duvida da realidade do que acaba de ouvir, duvida mesmo de si e grande é, desde ontem, a sua ansiedade, tanto que de quando em quando procura saber se o seu cérebro não se terá desmantelado um pouco.

"Posso afirmar-lhe que tal não se deu. Aproveite os três dias que lhe concedo até a minha próxima aparição. E lhe será fácil informar-se sobre a família de L. e, em particular, sobre o duque André de L. Esse é o meu nome, ou, antes, era o meu nome na época de que lhe falei. Para esse efeito, pode interrogar alguns velhos desta região.

"Além disso, nos arquivos comunais de todas as aldeias circunvizinhas, descobrirá traços bastantes da autenticidade do que lhe disse. Procure e achará.

"Doutro lado, a propriedade onde neste momento nos encontramos pertence a um descendente da família de L., um meu sobrinho-neto, que atualmente exerce o cargo de procurador imperial em Glois. Faça-lhe uma visita, sob qualquer pretexto: por exemplo, o de pesquisas históricas. Esse homem lhe ministrará algumas informações que virão corroborar a primeira parte da minha narrativa. Depois dessa verificação indispensável, explicar-lhe-ei por que lhe apareci.

"Mais tarde, decorridos que sejam alguns anos, ainda terá de verificar o que lhe vou revelar por ocasião da nossa próxima entrevista e dessas revelações tirará o partido que mais lhe convenha. Recomendo-lhe, porém, de modo especial: não se espante, a ninguém faça partícipe da confidência, seja calmo. Só o senhor, por ora, deve ser o depositário do segredo. Posteriormente, quando os tempos tiverem passado, então narrará essa história. A isso o levarão as provas que terá conscienciosamente acumulado por meio das suas próprias observações.
"Até a vista! Chamam-me. Volte daqui a três dias."

*

Fui, nesse momento, testemunha de um fenômeno singular: o velho se ergueu da cadeira que ocupava e, de súbito, a sua figura como que se fundiu e adelgaçou de maneira tal que, ao cabo de um lapso de tempo, que avalio em 30 segundos, diante dos meus olhos, não restava mais do que leve sombra, conservando a forma humana, ao passo que, em derredor dessa sombra, todos os objetos se mostravam perfeitamente nítidos.
Não era possível que eu estivesse sendo joguete de uma ilusão.
Nenhuma dúvida me consentia, a esse respeito, a luz que a jorros entrava pela janela inteiramente aberta.
Levantei-me, a meu turno, e estendi a mão para aquela sombra que cada vez mais tênue se tornava.
Minha mão, porém, só encontrou o vácuo e então mal podia eu distinguir a ligeiríssima configuração de uma cabeça a balouçar-se no Espaço como que separada do corpo a que pertencia.

Paul Bodier

Transcorridos poucos segundos, nada mais vi. Achava-me de novo a sós na sala.

Inversamente ao que em mim se passara na véspera, de nenhum modo surpreso me achei naquele momento. Ao contrário, a aventura começava a me interessar prodigiosamente. Quedei-me por alguns minutos a pensar, rememorando tudo o que acabava de me ser contado.

Sentia-me em completa lucidez, como me dissera o fantasma, nome que desde então passei a dar à personagem que me aparecera.

As apreensões que no dia anterior me haviam assaltado sobre o estado da minha saúde já nem sequer se apresentavam ao meu espírito. De mim, apenas uma grande curiosidade se apoderara.

Vivamente exacerbado se achava no meu íntimo o desejo de saber.

Assim foi que logo resolvi seguir os conselhos que me foram dados.

Capítulo 4

Não me demorei muito tempo na granja. Como se acabasse de fazer-lhe uma simples visita, saí tranquilamente da casa e do jardim, pondo a funcionar, como na véspera, o mecanismo secreto do portão.

Outro rumo haviam tomado minhas ideias. Determinados pontos como que as balizavam e, por instantes, me vi livre das obsessões precedentes.

Dali a três dias, o fantasma voltaria. Cumpria-me aproveitar esse lapso de tempo e logo todas as disposições adotei para empregá-lo do melhor modo possível.

Deliberei ir imediatamente a Blois. A meu ver, a indicação que me dera o fantasma precisava ser verificada quanto antes e sem me deter em mais longas reflexões. Assim que cheguei à casa de meus avós, pus-me em preparativos de viagem.

Nessa mesma noite, às dez horas, estava em Blois.

Meu primeiro cuidado, no hotel onde me hospedei, foi consultar o anuário da cidade.

Abri o livro, um tanto febrilmente, e entrei a procurar, vendo-me de pronto satisfeito. Sem trabalho algum, deparou-se-me o nome que o fantasma declinara. O Sr. de L., procurador imperial, habitava de fato a cidade de Blois.

Paul Bodier

Muito natural, entretanto, me pareceu essa primeira confirmação do que me dissera o fantasma. Como se me guiasse uma força desconhecida, já me ia habituando a seguir o caminho indicado.

Depois de tomar nota do nome da rua e do número da casa, mandei que me servissem o jantar. Comi com muito apetite e me fui deitar.

Passei uma noite excelente e confesso que, embora houvesse estado em comércio com um fantasma, de modo nenhum tive o sono perturbado.

Levantei-me cedo e muito bem disposto. Após ligeira refeição, dei um passeio matinal para desentorpecer um pouco as pernas e, em seguida, resolvi apresentar-me, por volta das dez horas da manhã, em casa do Sr. de L.

Sem esforço, descobrira um motivo para a minha visita. Ainda nisso, obedecia ao conselho do fantasma. O pretexto de uma obra sobre os trabalhos médicos durante a Revolução me pareceu razão bastante para me autorizar a bater à porta do procurador imperial e para lhe pedir alguns esclarecimentos de que o supunha possuidor e que ele certamente não se negaria a me fornecer.

Muito senhor de mim, como se tratara de uma iniciativa perfeitamente natural, encaminhei-me para a rua de S., que é onde ficava a residência do Sr. de L., e toquei a campainha.

Quase no mesmo instante, um criado me veio atender. Entreguei lhe o meu cartão, no qual escrevera algumas linhas, e pedi que o levasse ao dono da casa.

Sem dizer palavra, o criado, muito correto, pegou do cartão e se deu pressa em satisfazer ao meu desejo.

Dois ou três minutos depois, voltou para me dizer que o Sr. de L. estava me esperando. Convidou-me a segui-lo, o que fiz sem detença, e subimos ao primeiro andar da habitação.

A GRANJA DO SILÊNCIO

Aí chegando, o criado abriu uma porta que dava para o vestíbulo e afastou-se para me deixar passar.

Entrei e me achei na presença de um homem de mais ou menos 50 anos, que me saudou amavelmente ao mesmo tempo em que me oferecia uma poltrona fronteira à sua.

Logo me surpreendeu a sua parecença com o fantasma da Granja do Silêncio.

Eram os mesmos traços, a mesma fisionomia, se bem que um pouco mais jovem, e, se não fossem os trajes à moderna e os cabelos curtos, eu talvez imaginasse, por momentos, estar diante do dito fantasma.

Desse exame rápido me resultara perder um pouco do meu aprumo. Assim, foi com ligeiro tremor na voz que comecei a expender o suposto motivo da minha visita.

— Queira perdoar-me — disse eu — o vir incomodá-lo, mas o senhor, quiçá, me poderá prestar algumas informações de que necessito. Sou doutor em medicina e presentemente me ocupo com a elaboração de uma obra sobre os trabalhos dos médicos de Blois e da Turíngia durante a Revolução Francesa.

"Sabendo que o senhor pertence a uma das mais antigas famílias do centro da França, venho perguntar-lhe se, por acaso, seus antepassados não lhe transmitiram algumas notas sobre os acontecimentos revolucionários, notas que, porventura, me esclarecessem acerca de diferentes personalidades médicas da época e do país. As pesquisas a que tenho procedido me fazem crer que o senhor deve possuir alguns arquivos que eu poderia compulsar com proveito para o assunto que explano em minha obra."

Seguiu-se breve silêncio após o qual o Sr. de L. tomou a seu turno a palavra:

— Muito me honra a sua solicitação, entretanto, não sei se me será possível satisfazê-lo como o senhor deseja e como eu

Paul Bodier

próprio desejaria. Aqui, em nossa casa, possuo, é exato, algum papel atinente a fatos que ocorreram ao tempo da Revolução, mas estou, de antemão, certo de que neles não encontrará qualquer pormenor que lhe possa aproveitar. Devo, contudo, dizer-lhe que numa pequena povoação do Maine, perto da comuna de Château-du-Loire, possuo uma granja quase abandonada onde talvez lhe seria dado encontrar alguma coisa.

"Com efeito, nessa propriedade, residiu outrora um de meus tios paternos, André de L., que, ah! desempenhou bem ignóbil papel quando das perturbações revolucionárias e, numa biblioteca dessa granja, se encontra, tenho a certeza, copiosos documentos relativos aos sucessos em que teve parte o meu parente.

"Nunca li esses escritos porque, como ainda há pouco lhe dizia, a propriedade se acha de certo modo abandonada e não chegaram a três as vezes em que lá fui em minha vida. Se, portanto, isso lhe for agradável, terei o maior prazer em lhe facilitar os meios de tomar conhecimento de tais papéis."

— Ora, sucede exatamente que estou por algum tempo em vilegiatura nas proximidades da comuna que o senhor acaba de citar.

— Pois, se é assim, muito fácil me será prestar-lhe esse pequeno serviço e sem incômodo algum.

"A propriedade de que se trata está situada muito perto da aldeia de Dissay-sous-Churcillon, nos limites do Maine com a Turíngia, e, se o senhor conhece bem a região, já deve, com toda a certeza, ter ouvido os camponeses do lugar designá-la às vezes por um nome singular: Granja do Silêncio.

"De tempos em tempos, muito raramente, mando proceder a uma vistoria na propriedade toda e a uma limpeza sumária na casa. Confesso, aliás, que nunca verifiquei se minhas ordens são fielmente executadas e devo acrescentar que há quatro anos não me lembro dela."

A GRANJA DO SILÊNCIO

À medida que o procurador imperial falava, sentia eu que certa emoção me ia ganhando, emoção que me esforçava por dissimular. Julguei então de bom aviso dizer algumas palavras para dominá-lo.

— Efetivamente, já ouvi falar dessa granja e conheço com exatidão o lugar onde se acha situada.

— Muito bem! Facílimo nesse caso lhe será ir até lá. Dou-lhe para isso plena autorização. Num dos cômodos do rés-do-chão, encontrará os documentos arrumados na biblioteca a que há pouco me referi.

— Precisarei então das chaves da casa — observei a sorrir, enquanto que intimamente ponderava ser isso inútil.

À minha observação, o procurador imperial se pôs a rir.

— Chaves... não existem. Vou ensinar-lhe a maneira de abrir o portão do jardim.

Ouvindo essa resposta, tive um sobressalto.

— Há — continuou o procurador imperial — no portão de entrada, um mecanismo secreto que se faz funcionar da maneira seguinte.

E, pausadamente, o Sr. de L. repetiu o que me dissera o fantasma. Fingi, é claro, ouvi-lo com a maior atenção, mas a minha imaginação estava longe, muito longe, lá na sala onde o fantasma me aparecera.

À proporção que o procurador imperial me ia dizendo aquelas coisas, as palavras do outro me voltavam à memória. Eram a mesma descrição, os mesmos pormenores.

— Talvez — acrescentou o meu interlocutor — a mola funcione com dificuldade, pois há muito tempo...

— Sim, sim, balbuciei, eu sei...

— O senhor sabe o quê? — inquiriu o Sr. de L. um tanto admirado, a me olhar fixamente.

— Desculpe, quero dizer que provavelmente encontrarei alguma dificuldade em abrir o portão.

Paul Bodier

— Não. Bem ponderadas as coisas, creio que não. Ao que me disse outrora meu pai, o mecanismo desse portão é verdadeiramente uma obra-prima de precisão, executada por um artista do século passado. Assim sendo, bem pode dar-se que o tempo em nada haja prejudicado o seu bom funcionamento.

— Oh! — exclamei, sentindo que se me fazia necessário dizer alguma coisa — Belíssimos trabalhos de serralheria se executavam no século passado.

— E o rei Luís XV era serralheiro — observou a sorrir o Sr. de L. — Está, pois, combinado: o senhor disporá, a seu talante, de tudo o que lá encontrar e muito me alegrarei se achar algo que lhe possa servir.

O Sr. de L.. se levantara e eu o imitei, muito contente por ver terminada uma entrevista em que me sentia bastante contrafeito.

Por mais um esforço da vontade, consegui dominar-me e pude agradecer ao procurador, sem deixar transparecer a emoção que me agitava.

Muito afável, o Sr. de L. me acompanhou até a porta, onde trocamos os últimos cumprimentos e um aperto de mãos.

Eu ardia por me achar de novo a sós. Maquinalmente, retomei o caminho do hotel onde me hospedara e, embora me achasse muito longe dele, lá fui ter sem errar, como se estivesse acostumado àquele percurso.

Ao meio-dia, cheguei ao hotel. Almocei e logo tomei o trem de regresso à casa de meus avós.

Dois dias ainda faltavam para que voltasse à granja. Não era tempo demasiado para meditar sobre tão estranhos sucessos.

Capítulo 5

Feita essa primeira investigação, entendi desnecessário documentar-me de maneira mais completa sobre a família de L.

Suficientes, então, me pareceram as informações que já obtivera.

Uma simples pergunta dirigida ao meu digno avô provocara deste uma resposta que também veio corroborar o que dissera o fantasma.

O duque André de L. foi morto durante a Revolução, na floresta de Jupilles, pela senhorita de Rosay, disse-me meu avô, acrescentando:

— Não conheço bem os pormenores desse drama sangrento, mas sei que o duque desempenhou abjeto papel, de 1789 a 1795, quando caiu morto.

Essa resposta constituía mais uma prova confirmativa de tudo o que eu já sabia.

Estava agora certo de não haver sido joguete de uma ilusão.

Restava um único ponto obscuro e para mim incompreensível: a tão extraordinária aparição do fantasma.

Paul Bodier

Às maiores torturas se sujeitava o meu espírito para encontrar explicação plausível para esse fenômeno.

Minhas reflexões me levaram a recordar alguns fatos que esquecera completamente e que, desde alguns anos, vinham levantando forte rumor.

Em 1848, a atenção geral se voltara para os Estados Unidos da América, onde se estavam produzindo singulares fenômenos, tais como ruídos, pancadas, movimentos de objetos, sem causa conhecida.

O estudo de tais fenômenos, ao que parece, fez com que se reconhecessem neles efeitos inteligentes que provavam não ser puramente física a causa que lhes dava origem, conforme a princípio se supusera.

Ora, a partir de então, as mesas girantes e falantes ficaram em moda e assim foi que tive ocasião de assistir a uma dessas curiosas experiências numa reunião parisiense.

Como tantos outros, não dei importância ao fenômeno, mas, em todo caso, nunca me resolvi a cobrir de sarcasmos e zombarias os que, em tudo aquilo, pretendiam ter achado nova demonstração da existência da alma.

Sem partilhar inteiramente da opinião destes últimos, disse de mim para comigo que fenômenos de tal natureza bem podiam, de fato, derivar de uma causa inteligente, cuja essência ainda nos escapava aos sentidos imperfeitos. Muito perto me achava, em suma, de adotar as teorias dos neoespiritualistas.

Um raciocínio rigorosamente lógico de certo modo me dispunha a pressentir a possibilidade de comprovar-se a existência de novas forças até então desconhecidas. Muito naturalmente, identificava os fenômenos sobre os quais tanto se discutia com os chamados milagres, que enxameiam a história.

A Granja do Silêncio

A própria Bíblia me fornecia múltiplos assuntos de meditação e, depois dos acontecimentos em que acabava de me ver envolvido, rememorava um a um todos os fatos registrados naquele livro.

Mil casos a que dera, por assim dizer, escassa atenção agora se me apresentavam a uma luz totalmente nova, e a minha qualidade de cientista, de forma alguma, devo dizê--lo com toda a franqueza, se achava em conflito com as ousadas hipóteses que me sentia constrangido a formular.

Dar-se-á que, na realidade, o ser humano conheça exatamente todas as leis naturais? Dar-se-á que haja sondado todos os segredos da natureza?

Inegavelmente, muitas coisas ainda estavam por conhecerem-se, muitas restavam por descobrirem-se. Toda a ciência do mais sábio dos homens via detidos os seus passos logo que se tratava de penetrar o mistério da vida e da morte dos seres.

Teria eu que comprovar um fenômeno misterioso, donde pudesse deduzir alguma nova lei reguladora da matéria? Iria a aparição do fantasma dar-me ensejo de definir e desvendar algum formidável segredo, respeitante, precisamente, à íntima estrutura espiritual dos seres animados?

Um pouco de orgulho assomava em mim à ideia de que talvez me achasse em vésperas de descobrir coisa tão grande, tão bela, e me esforçava por provar a mim mesmo que a minha ciência seria, naturalmente, a força inspiradora e o guia obrigado de tão grande descoberta, destinada a revolucionar a humanidade.

Logo, porém, uma suspeita, uma suspeitazinha de incredulidade, vinha deitar abaixo todo o meu sonho tão fragilmente edificado, e eu volvia a me reconhecer fraco e desarmado em face do obsidente mistério dos eventos ocorridos dias antes.

Paul Bodier

Entretanto, acontecesse o que acontecesse, estava resolvido a guardar comigo o mais absoluto segredo acerca das minhas comprovações, até o dia em que houvesse, afinal, podido dar sólida base científica aos fatos que pouco a pouco fosse levado a testemunhar. Assumia o compromisso de me cercar de tidas as possíveis garantias de fiscalização para chegar a bom resultado.

Obscuramente, pressentia que me encontrava em vias de presenciar coisas de todo em todo extraordinárias, que com certeza desmantelariam o meu entendimento científico; mas também experimentava uma súbita alegria ao imaginar isso, e, se, nesses momentos, houvesse pensado realmente, como na antevéspera, em alguma fraqueza do meu cérebro, sem dúvida não teria deixado de reconhecer muito provável que nele uma sementezinha de loucura se introduzira.

Estava agora pronto a aceitar tudo e tão apressado que um momento houve em que perguntei a mim próprio se não voltaria naquele mesmo dia à granja para tornar a ver lá o estranho visitante.

Certa dose de reflexão deteve o curso dos meus pensamentos por demais impulsivos e, com muita ponderação, resolvi esperar tranquilo a entrevista que me fora marcada.

A fim de acalmar um pouco a agitação de que me sentia presa, selei meu cavalo e deliberei dar um longo passeio pela campanha ensolarada, cujo encanto e beleza tantas vezes me haviam atraído.

Para melhor desviar o curso de minhas ideias, pedi a meu avô que anuísse em ir comigo.

Na sua companhia, corria eu menos risco de cair em reflexões demasiado profundas. Sua presença seria um derivativo e me felicitaria cumprir a promessa que a mim próprio fazia de empregar todos os esforços para

A Granja
DO SILÊNCIO

não ceder a uma obsessão que se me afigurava perigosa para a minha razão.

Eu era médico, devia, por conseguinte, aplicar-me, sobremodo, a ser médico de mim mesmo.

Espírito ponderado, cabia-me ser lógico em meus raciocínios, em minhas pesquisas e deduções.

Para alcançar esse resultado, pareceu-me que o melhor meio seria nada precipitar.

Meu avô era muito jovial e, quando cavalgávamos juntos pela campanha, nunca deixava de me contar algumas histórias alegres de que eu gostava imensamente. Esperava, pois, que, graças a ele, possível se me tornaria afastar a minha obsessão.

Sempre jocoso, como de costume, no momento em que punha o pé no estribo, ele me bateu no ombro, dizendo:

— Aonde vamos hoje, pequeno?

— Não sei, vovô, mas não temos que procurar onde ir: há tantos lugares por onde podemos passear.

— Está bem, meu rapaz, vamos até a floresta de Jupilles. Há muito tempo que não passo por lá.

E, sem esperar qualquer resposta minha, lépido como um jovem, montou rapidamente o seu cavalo.

A floresta de Jupilles! Esse nome evocava em mim a lembrança de muitas coisas que se prendiam à minha aventura. Logo me acudiu que um passeio por semelhante lugar avivaria ainda mais a obsessão de que desejava livrar-me.

Entretanto, como não queria deixar que meu avô percebesse qualquer coisa, montei, por minha vez, sem dizer palavra.

Decorridos alguns minutos, meu cavalo trotava, emparelhado com o dele, pela estrada que levava diretamente à floresta.

Paul Bodier

Ao cabo de pouco tempo de estarmos a caminho, não mais pude reter uma pergunta que me aflorava aos lábios.

— Diga-me, vovô, foi alguma vez, quando moço, a essa floresta?

— Que pergunta! Mas certamente. Por que a fazes?"

— Nada de particular se passou nela durante a Revolução?

— Sim, um drama de que se falou por muito tempo no país. Mas, a bem dizer, outros semelhantes se têm dado quase que por toda parte. Hoje, após tão longos anos, já a lembrança de todos esses horrores se apagou.

— Que drama foi?

— O assassínio do marquês de Rosay e de sua filha. Outro dia, falei-te disso ligeiramente. Perseguia-os um grupo de malandrins, capitaneados por uma personagem que desempenhou vilíssimo papel naquela época: o duque André de L., que, aliás, também achou a morte nessa aventura. Deu-lha a filha do marquês no momento em que acabava de ser mortalmente ferida.

"Quando, há dias, te toquei nesse fato, cheguei a dizer que a famosa Granja do Silêncio, conhecida de ti, era a antiga residência do duque e que essa propriedade quase histórica pertence agora a um descendente da família de L. Não tenho, porém, sobre esse ponto, qualquer informação exata, porquanto, desde a época do drama, ninguém jamais viu habitada a granja.

"Naquela época, era eu ainda muito moço e pouco a par andava do que ocorria em torno de mim. De tais acontecimentos apenas guardei muito vaga recordação e confesso-te, meu pequeno, que não gosto de me lembrar muito dos terríveis fatos que puseram a fogo e sangue a França.

A GRANJA
DO SILÊNCIO

"Gosto mais de ver a floresta como é hoje. Sinto prazer em lhe percorrer as aleias, em me sentar à sombra de suas copadas árvores, em me deitar mesmo nos relvados e sonhar aí, docemente, com coisas mais belas, mais importantes, mais nobres, nunca suscetíveis de atirar os homens uns contra os outros, próprias, pelo contrário, a os aproximar e unir no culto do bem e do belo."

Ao proferir meu avô essas últimas palavras, chegamos à floresta. Tudo ali era jucundo. A natureza em festa como que se preparava para nos receber e, ao escutar os mil ruídos que vinham do bosque, pareceu-me que a minha obsessão diminuía.

Consideravelmente atenuada, ela se desvanecia, desaparecia e se tornava imprecisa, tal qual o fantasma da Granja do Silêncio.

E, nesse dia, gozei da alegria de viver, na paz e na calma benfazejas de uma bela e radiosa tarde de verão.

Capítulo 6

Afinal, chegou a segunda-feira, o dia tão esperado. Desde a manhã, o tempo se apresentou encoberto. O calor era sufocante e parecia subir da terra, esmaltada qual porcelana pela longa estiagem, e descer, simultaneamente, do céu, onde pesadas nuvens de chuva se amontoavam.

Tomado de invencível tristeza, que nem com os maiores esforços me era possível dominar, eu me encontrava indisposto. De mim se apossara um sentimento estranho, que não conseguia definir.

Logo após o almoço, encaminhei-me para a Granja do Silêncio e, ao abrir o portão, começaram a cair as primeiras gotas de chuva.

Mal penetrara no aposento onde já estivera, desabou um aguaceiro diluviano que me trouxe um pouco de alívio com o refrescar do ar que antes abrasava.

Sentado numa cadeira, pus-me a apreciar os estragos que a tempestade ia fazendo nas grandes árvores e no gramado do parque.

Tão absorto me achava na contemplação desse espetáculo que por instantes esqueci o fim da minha visita à granja.

Paul Bodier

Bastou, porém, um momento de acalmação para me reconduzir à realidade. Maquinalmente, puxei da algibeira o relógio. Eram quatro horas, o fantasma não tardaria, portanto, a surgir diante de mim.

Ainda não acabara de fazer essa reflexão e a sala ficou de improviso banhada de uma luz singular a tal ponto que me causou a ilusão de que o Sol varara subitamente as nuvens, como não raro acontece, depois de violenta chuvada. Mas não tardei a reconhecer o meu erro, vendo que o aguaceiro recomeçara e que cada vez mais sombrio estava o céu.

Ademais, a luz que clareava o aposento nada podia ter de comum com a luz solar. Era, ao mesmo tempo, suave e forte, como que irisada, rica de cambiantes que admiravelmente se fundiam uns nos outros, de tal efeito que todos os objetos existentes na sala pareciam destacar-se indistintamente sobre ela.

Meus olhos contemplavam maravilhado o extraordinário fenômeno, pois logo percebi a razão por que tudo sobressaía nitidamente naquela espantosa luminosidade. É que a estranha luz nenhuma sombra produzia. Penetrava igualmente em toda parte e envolvia por completo cada objeto, acentuando-lhe as linhas retas ou curvas dos contornos.

De repente vi, com grande nitidez, compor-se, diante de mim, ligeira mancha, luminosa a seu turno, que pouco a pouco tomou a forma humana. Em menos de um minuto, essa forma se fez mais consistente, maior, mais precisa, até, afinal, se materializar completamente. Ali estava o fantasma, com um sorriso algo triste.

Mudo de assombro, eu o olhava impressionado.

— Aqui estou — disse ele. — Como vê, sou pontual.

O som daquela voz me arrancou à minha hesitação e pude balbuciar:

A GRANJA DO SILÊNCIO

— Estou cada vez mais assombrado. Há três dias, o senhor me surpreendeu, aparecendo bruscamente; hoje, forma-se à minha vista. Tudo isso me enche ao mesmo tempo de espanto e de temor.

— Não tema coisa alguma. Absolutamente não sou, não posso ser uma criatura malfazeja. Cumpro aqui certa missão, tenho que me conformar estritamente com as ordens que me são dadas por vontades superiores.

"Venho hoje revelar-lhe uma coisa de que, dentro de um século, os homens estarão ao corrente, porque, então, a humanidade a que o senhor pertence terá avançado ligeiramente na senda, na grande senda da sabedoria.

"Se o permite, retomarei o fio da minha história para lhe referir o que se passou em seguida à minha morte. Depois da minha primeira aparição, o senhor pôde informar-se acerca de tudo o que eu lhe dissera e convencer-se de que não o induzira em erro. Foi a Blois, esteve com o descendente de minha família, ouviu-lhe da boca a confirmação de algumas das minhas revelações. Em seu espírito, portanto, não pode caber dúvida. Guarde agora tudo o de que o vou informar e, sobretudo, submeta-se inteira e cegamente às instruções que lhe darei.

"Assim, pois, logo que caí sobre os corpos do marquês e de sua filha, não obstante estar morto, afigurou-se-me experimentar ainda a impressão de tudo o que sucedia em torno de mim, mas como se fora em sonho, sem que pudesse analisar a espécie das minhas sensações. Via, ouvia, porém me sentia como que pregado àquele lugar.

"Mais ainda: fui presa, repentinamente, de horrível, terrificante pavor ao ver o meu invólucro carnal estendido sem vida. Reconhecia-me, era eu próprio, sentia mesmo a dor do meu terrível ferimento, por onde o sangue corria a jorros.

Paul Bodier

"A esse, outro pavor se seguiu: todos aqueles indivíduos que acabavam de ser assassinados ressuscitavam uns após outros e, no entanto, também lhes via os corpos caídos, inertes, no chão tinto do sangue que lhes saía das feridas.

"Ah! Foi uma visão horrível. Queria fugir, mas uma força indomável me retinha sempre no mesmo lugar, enquanto à volta de mim se agitavam os horrendos espectros das desgraçadas vítimas do meu hediondo crime. Ali estava o marquês de Rosay, parecendo mais vivo do que nunca. Sua filha, igualmente, se tinha levantado, bem como os servidores que os acompanhavam, e todos, todos me cercavam, trejeitando medonho sorriso.

"Quis fechar os olhos. Impossível! Levando as mãos à cabeça, nada encontrei, nada, senão o vácuo. Entretanto, via-me, como via os outros. Tentei tocar aqueles espectros: também aí minha mão só encontrou o vácuo e, contudo, eu estava certo de que os via a se agitarem ao meu derredor.

"Ah! que horrível momento, senhor! Por que tremendo sofrimento passava eu! Estava de posse de toda a minha lucidez, nenhum pormenor me escapava.

"Momentos houve em que me julguei salvo. Finalmente me afastara, conseguira vencer a resistência que antes não me consentia sair dali. Horror! Horror! Os espectros me seguiam. Corri, corri com surpreendente ligeireza, mas eles me seguiam sempre. Ocultava-me atrás de uma moita, atrás de uma árvore. A moita e a árvore se tornavam transparentes e os espectros lá estavam no meu encalço, a fazer esgares.

"Dei mil voltas e viravoltas, tornei para junto dos cadáveres, para junto do meu corpo inerte. De novo me vi deitado na relva que meu sangue empapava. O dia se me afigurava infindável e, contudo, já de há muito deveria ter sobrevindo a noite. Porém, a noite já não existia para mim. Era o dia, sempre o dia. A sombra que tudo esconde nada mais me podia esconder.

"A luz, essa, ao contrário, era mais viva. Distinguia mil coisas que meus sentidos, em vida, não percebiam.

"Depois, um fato horroroso se passou. Vi a minha existência inteira, sem a falta de nenhuma das minhas ações más. Vi-me também em mil lugares diferentes, tendo diante de mim, como petrificados num eterno presente, todos os meus crimes e todas as minhas torpezas.

"Quanto mais procurava escapar a essas hórridas visões, tanto maior poder de percepção adquiria, de sorte que as mais ligeiras particularidades, os mais insignificantes acontecimentos da minha vida me eram postos em evidência.

"De novo, quis fechar os olhos, tapar o rosto com ambas as mãos: as visões persistiam precisas. Eu revivia a minha vida, momento por momento, período por período e todos ao mesmo tempo.

"Tudo quanto a imaginação humana poderia conceber de horrendo, de terrífico, de infernal, nada era, nada, a par dos terrores que me assaltavam: a potencialidade da minha visão constituía indizível tortura que lhe é impossível conceber.

"Ademais, também me parecia sofrer fisicamente. Experimentava todos os sofrimentos das minhas vítimas, percebia-os com uma acuidade tal que me dava ganas de gritar.

"Impossível! Verifiquei que a minha voz deixava de existir. Era o silêncio, um silêncio de morte, indefinível e, não obstante, tinha a impressão de que tudo em torno de mim vivia. E tudo vivia realmente, eu mesmo vivia, minhas vítimas me falavam e exprobravam meus crimes.

Paul Bodier

Percebia com exatidão o que me diziam. Suas palavras formavam ondas luminosas cujo sentido eu compreendia. O meu sofrimento era indescritível, espantoso.

"Todos os meus atos, todas as minhas loucuras, a perpassarem sempre ante meus olhos, sem jamais desaparecerem. Era um pesadelo sem fim, cada vez mais intenso, cada vez mais preciso, cuja sensação constituía para mim a mais horrível, a mais pavorosa das torturas.

"Deixava de existir o repouso, achava-me condenado a um perpétuo movimento, que mais e mais exacerbava o meu suplício. Corria, voava pelo Espaço, porém, o monstruoso cortejo me acompanhava, me rodeava, sempre a se ampliar.

"Ah! como quisera perder a noção de tudo, ser aniquilado, pulverizado por qualquer tremendo cataclismo!

"De nada me servia atirar-me de encontro aos obstáculos, nenhuma sensação de choque se produzia em mim. Passava por meio de todos os corpos, para, por fim, me achar sempre em toda a minha integridade e em mil lugares diferentes, com os meus mil eus impalpáveis e todo um horrendo cortejo de espectros escarninhos e trejeiteiros.

"Lancei-me num ribeiro. Passei por todos os sofrimentos, por todas as agonias de um ser que se afoga, mas não cheguei a enfraquecer as terríficas imagens. Nem na profundeza das ondas, nem na fornalha ardente de um vulcão, pude achar um pouco de calma, por uma espécie de aniquilamento. Muito ao contrário, a cada esforço que fazia para me livrar daquela situação, novo sofrimento se acrescentava ao meu sofrer.

"A todo momento se me afigurava haver chegado ao grau máximo do martírio e, no entanto, o que com efeito acontecia era que uma nova dor e uma angústia mais terrível se vinham juntar a todos os meus males.

A Granja
do Silêncio

"De repente, lembrei-me do inferno, do famoso inferno dos católicos. Tendo também sido católico, educado nessa religião, é certo que me tornara, no correr da existência, antirreligioso, ou melhor, irreligioso. Nem por isso, contudo, deixaram de subsistir em mim certas ideias, e a impressão de haver imergido, por toda a eternidade, no inferno veio aumentar ainda mais as minhas angústias.

"Não era aquilo, realmente, um inferno mil vezes mais infernal do que quanto se pudesse imaginar? Tudo me levava a crê-lo e mais um horror vinha juntar-se a todos os horrores que me torturavam. É que eu acreditava na eternidade do suplício. Essa ideia se me apresentou tão apavorante, tão terrivelmente espantosa, que fez nascer em mim uma raiva alucinante, tanto mais alucinante quanto impotente.

"Figure a minha corrida desvairada pelo mundo dos fantasmas, representantes de todos os seres que eu conhecera na Terra. Como lhe fazer imaginar meus pavores, minhas cóleras, meus temores?

"Sentia o sangue a escoar-se-me constante e inesgotavelmente. Sentia as carnes a me queimarem, sem, todavia, serem consumidas ou, então, conforme o lugar onde me agitava, era a vertigem de quedas na profundeza dos abismos, a sensação de asfixia no seio das águas, ou, ainda, a da mordedura de animais imundos.

"E, coisa extraordinária! Minha imaginação criava, umas após outras, as horrendas visões que me perseguiam, e estas se materializavam até a ponto de se fazerem tangíveis.

"Quanto tempo durou tudo isso? Hoje, pois que de novo me é dado conhecer a noção do tempo, talvez me fosse possível dizê-lo, mas, no estado em que me achava, tudo se me afigurava longo, longo como a eternidade.

"Revia todos os companheiros das minhas libertinagens de outrora e sofria dos seus sofrimentos, do

Paul Bodier

mesmo modo que eles sofriam dos meus. Com uma linguagem sem som, cujas ondas luminosas traçavam ao nosso derredor incandescentes letras, mutuamente nos reprovávamos a vida que leváramos, e, reunidas, as nossas cóleras, as nossas raivas imponentes ainda mais nos avivavam o sofrer.

"Que fazer? A quem implorar?

"Mal formulara a mim mesmo essas interrogações, eis que de um novo fenômeno fui testemunha: percebi que já tivera um sem-número de vidas e aprendi, assim, que a lei do progresso eterno tem por base a passagem sucessiva de nossa alma pela matéria a fim de viver nas inumeráveis esferas do Infinito.

"Do mesmo jato, apreendi que cada nova existência está intimamente ligada à anterior; que, para progredir e elevar-se até a sabedoria e a luz excelsas, necessário é que o ser se ache isento de ódio, visto que o amor constitui a lei suprema que governa os mundos!

"Era preciso deixar de ter ódio! Ante os meus olhos, essas palavras agora refulgiam e impossível me era afastá-las da vista, como o era furtar-me à visão de tudo o que me cercava.

"Não ter ódio, quando, no meio horrível em que me via, tudo, ao contrário, me incitava ao ódio, ao ódio implacável, que já me fizera cometer tantas ações vis e tão monstruosos crimes!

"Seria eu verdadeiramente capaz de deixar de odiar o marquês de Rosay e sua filha, cujos fantasmas me atormentavam? Ora, vamos, parecia-me impossível.

"Entretanto, à força de ver tais palavras, cheguei a procurar um meio de esquecer aquele ódio, que era, como acabei reconhecendo, a causa de todos os meus sofrimentos, de todas as minhas torturas.

"E, tirando uma conclusão lógica das minhas reflexões, fui levado a compreender que, com efeito, só o amor podia fazer esquecer o ódio. Era preciso amar os que eu tanto odiara.

"Nova revolta e mais intensa cólera foram, a princípio, a resultante dessa ideia que acabava de germinar no meu atormentado espírito; mas, pouco a pouco, ela entrou a me parecer o supremo recurso, como que o termo final do meu penar. Gradualmente, me fui habituando a considerá-la possível. Já não havia eu recomeçado tantas vezes a minha vida? Não tinha que me submeter à lei inelutável que impele os seres a efetivarem uma evolução cada vez mais ampla?

"Primeiro, muito levemente, mais profundamente em seguida, acabei por admiti-la e reconheci que já um pouco de paz e de doçura me haviam penetrado. Passo a passo, meu estado se ia modificando. A tristeza do arrependido tomava o lugar dos meus furores e logrei pedir a Deus que me assistisse na horrorosa luta em que me achava empenhado contra o mal.

"Insensível, mas firmemente, eu me desprendia e vislumbrava a salvação na decisão forte de expiar, noutra existência terrena, as faltas que me haviam precipitado tão baixo, e uma paz cada vez mais ampla me invadia a alma.

"Expiar meus crimes, curvar-me à lei justa, viver no amor do bem e do belo, abandonar a pesada bagagem das passadas culpas era a perspectiva que se me apresentava e gradativamente assumi o compromisso de não falir na nova tarefa que ardentemente desejava desempenhar.

"Voltar à Terra, achar-me numa nova existência em contacto com os mesmos seres, também reencarnados, amá-los com todas as veras, partilhar de suas alegrias e, sobretudo, de seus sofrimentos, exonerar-me para com eles

Paul Bodier

da dívida que contraíra, tal o objetivo para onde me cumpria dirigir os passos.

"Eis agora o que há pouco se me patenteou e, se estou aqui, e por que necessário se faz que o senhor observe e acompanhe as fases do grande mistério que se vai passar sob suas vistas.

"Dentro de trinta e cinco anos terrestres, o senhor tornará a ver-me sob outra forma e comprovará a realidade dos acontecimentos que ora lhe anuncio. Verá a Srta. Rosay reencarnada e será testemunha muda das nossas alegrias e desventuras. Lembrar-se-á então de tudo o que neste momento lhe predigo e verificará, por esse fato, a infinita bondade daquele que quer que tudo convirja para a sua potência infinita.

"No curso dos cinquenta e cinco anos que ainda lhe cabe viver, analisará todos os acontecimentos que se hão de dar e tirará deles conclusões lógicas que, no século futuro, servirão de base aos homens para que entrevejam o porquê da vida e da morte.

"Está assim concluída a missão de que me acho encarregado com relação ao senhor. Toca-lhe agora continuá-la, por meio da observação, ampliá-la, mais tarde, pela experimentação, e torná-la conhecida um dia, quando todos os sucessos hajam ocorrido.

"Até aqui, o senhor se tem conformado com as minhas instruções. Continue a segui-las escrupulosamente. Forças superiores e benfazejas o assistirão sempre durante a sua existência. Obedeça-lhes, porquanto elas vêm da sabedoria infinita do Senhor supremo dos mundos inumeráveis que gravitam no Espaço. Faça com que seus irmãos encarnados aproveitem de tudo o que o senhor houver visto e aprendido e seus trabalhos serão recompensados."

E o fantasma cessou de falar, seguindo-se longo silêncio, que não ousei quebrar.

Tão surpreendente me parecia o que acabara de ouvir, tão acima do meu entendimento humano, que não encontrava palavras com que exprimisse o meu espanto.

Percebendo a minha emoção, o fantasma riu ligeiramente, depois me disse:

— Eu lhe prevenira, não tem que se perturbar.

— Entretanto... — balbuciei.

— Sim — disse o fantasma — o senhor ainda duvida, duvida com o seu raciocínio de cientista orgulhoso, porque é como todos os seres humanos. Fique certo, porém, de que a sua pobre ciência, que o senhor julga tão grande, muitíssimo pouco de preciso lhe pode dar sobre as leis que regem os mundos.

"Aqui na Terra, onde ainda terá que passar bastante tempo, vivo espanto lhe causarão os progressos que ao cabo de 50 anos estarão realizados.

"Nessa época, novas ideias científicas terão vindo destronar as que hoje imperam. Coisas que atualmente se consideram utopias serão realidades. Por processos novos, os homens transmitirão mensagens telegráficas a distâncias enormes, voarão, como os pássaros, no azul do firmamento, conseguirão reter a voz humana e conservá-la pelo tempo que quiserem. Outras descobertas lhes permitirão ver e ler em seus órgãos vivos e tudo isso nada será a par do que ainda virá a ser descoberto nesse mesmo globo terráqueo.[3]

"O senhor virá a manter relações com os descendentes da minha família, porquanto é nela que tomarei outro corpo de carne. A pessoa que o senhor foi visitar em Blois

---

[3] N.E.: O fantasma previra a telegrafia sem fio, o fonógrafo, a aviação, os raios X, etc.

Paul Bodier

tem um filho que acaba de casar-se. Dentro em pouco, serei o filho desse filho.

"Antes que me vá e a fim de que disponha sempre de um pretexto para entreter relações com a família de L., vou confiar-lhe os papéis de que lhe falaram e que se acham guardados nesse armário."

Dizendo isso, o fantasma se levantou e abriu o móvel. Tomou de uma das prateleiras uma espécie de cartapácio[4] e, depois de sacudir a poeira que o cobria, entregou-me:

— Aqui está o que justificará a sua visita a esta propriedade. Aliás, encontrará nestes papéis interessantes dados acerca da família de L.

"Adeus. Deixo-o. Tenha confiança e prossiga na sua missão. Não esqueça que, quando me tornar a ver, já então reencarnado, seus lábios deverão conservar-se cerrados diante de mim, quaisquer que sejam os acontecimentos que presencie. Talvez me seja permitido reconhecê-lo, não sei. Isso se me conserva oculto. Contudo, tenho a certeza de que não poderá duvidar da minha reencarnação."

Proferidas essas últimas palavras, um clarão mais forte inundou a sala e vi, muito distintamente, o fantasma desvanecer-se, de certo modo, nessa luz e, em seguida, desaparecer com ela.

Caí de joelhos, deslumbrado, e prosternado permaneci, deixando, quase inconsciente, correr o tempo.

Quando ergui a cabeça, fizera-se noite. Pus-me de pé, apanhei os papéis, saí da granja e com passo incerto dirigi-me para a residência de meus avós.

---

[4] N.E.: É o mesmo que carta (mensagem) muito grande; livro de lembranças ou apontamentos; livro grande e antigo; alfarrábio, calhamaço, conjunto de folhas manuscritas e papéis avulsos, encadernados em forma de livro.

A Granja do Silêncio

No caminho, levantei os olhos e contemplei um céu maravilhosamente estrelado. A tempestade que se desencadeara algumas horas antes varrera até a mais tênue nuvem, e uma bela noite estival, clara e serena, tornara visível, nas profundezas celestes, miríade de estrelas cintilantes.

Raro me tivera ensejo de apreciar noite tão linda e tão clara.

Com os olhos postos na abóbada estrelejada, à memória me acudiu esta passagem dos Salmos: *Coeli enarrant gloriam Dei* (Os céus enarram a glória de Deus).

Ante as revelações do fantasma, começara eu a compreender que o homem ainda está longe de conhecer o poder da Divindade criadora desses mundos que rolam na imensidade infinita.

Grande paz se infiltrara em minha alma, pois sentia que acabara de penetrar um dos mais formidáveis arcanos que explicam o ser humanizado e justificam a majestosa e ilimitada potencialidade do seu Criador.

E meus lábios se entreabriram para proclamar esse arcano, para exprimir a minha alegria, para referir e explicar tudo o que me fora dado compreender naquela tarde memorável.

A vida se me mostrava sob seu verdadeiro aspecto. Erguera-se para mim uma ponta do misterioso véu que lhe ocultava o porquê.

Mas logo me lembrei de que estava condenado ao silêncio, e uma espécie de sofrimento anuviou por instantes a grande ventura de que fruía.

Quisera já ser o velho que seria mais tarde, próximo ao termo da existência, para testemunhar o que se me revelara. Ardia no desejo de saber, de conhecer mais a fundo o grande mistério a fim de o anunciar ao mundo surpreso.

Paul Bodier

E o meu olhar súplice esquadrinhava as profundezas celestes, enquanto que, trêmulos, meus lábios repetiam baixinho: *Coeli enarrant gloriam Dei.*

SEGUNDA PARTE

Capítulo 1

Estamos em 1890. Trinta e cinco anos decorreram após os acontecimentos que acabo de narrar.

Muitas vezes, no curso de tão longo espaço de tempo, pensara eu no fantasma da Granja do Silêncio e nas suas revelações.

Procurara, por meio de constante estudo, tão constante ao menos quanto me permitia a minha profissão, documentar-me sobre todas as manifestações físicas que haviam tido eco no mundo.

Se o fantasma dissera a verdade, cabia-me ser incessantemente testemunha dos fatos que ele anunciara, e confesso, com muita franqueza, que acreditava na realização exatíssima de suas profecias.

Todos os meus estudos, todas as minhas reflexões e todas as minhas experiências concorriam para me alimentar essa ideia, e eu confiante esperava.

Paul Bodier

De 1855 a 1890, diversos acontecimentos me tinham vindo corroborar essa opinião, e a minha condição de doutor em medicina me facultara acompanhar atentamente as notáveis experiências de alguns sábios muito conhecidos no mundo que se pronunciaram abertamente sobre o valor dos espantosos resultados que conseguiram obter.

Particularmente, me prenderam a atenção as experiências de *Sir William Crookes,* em 1874, e, ante as críticas acerbas que se desencadearam sobre aqueles célebres experimentos, sempre me mostrara ardoroso defensor do consciencioso sábio que ousara afrontar a ignorância e a estultice humanas.

Sorria todas as vezes que uma nova descoberta avultava a estear as teorias que uma lógica rigorosa me fizera entrever durante aqueles 35 anos de estudo e reflexão, e grande alegria de mim se apoderava à ideia de que em breve eu traria mais uma pedra para o edifício tão lentamente construído.

A teoria das vidas sucessivas se me afigurava perfeitamente admissível e nela encontrava a única possível explicação de todas as desigualdades sociais e das diversidades de inteligência entre os seres humanos.

Morrera, havia muito, o procurador imperial que recebera outrora em Blois a minha visita, porém, eu sabia que seu filho mais velho, ainda vivo, tivera um filho que precisamente nascera naquele ano de 1855, em que me fora dado testemunhar tão extraordinários fatos.

Confrontando datas, perguntava a mim mesmo se aquele neto do procurador não seria a reencarnação do fantasma da Granja do Silêncio e se, dentro em pouco, não nos iríamos achar face a face os dois.

Entretanto, nada ainda me fazia prever essa eventualidade, o que dava lugar a que, de quando em quando, ligeira dúvida me perpassasse o espírito.

A GRANJA DO SILÊNCIO

Naquele ano de 1890, essa dúvida me oprimia de modo muito especial, fazendo-me experimentar certa tristeza.

Como já estivéssemos na primavera, decidira-me a ir descansar por algum tempo no campo, naquele gentil recanto de Château-du-Loire, onde meu avô, que morrera desde longa data, me deixara uma encantadora vivenda.

Quase todos os anos, passava alguns dias de vilegiatura em Château-du-Loire e devo dizer que, às recordações familiares que para lá me atraíam, se misturava a lembrança do estranho visitante da Granja do Silêncio, que continuava a existir, se bem que completamente transformada. Havia já alguns anos, pois fora por volta de 1866, eu assistira a essa transformação.

Capinaram o parque, repararam a casa e a propriedade tomara outro aspecto. Uma coisa, no entanto, me surpreendera quando a visitei, depois de modificada: o proprietário lhe conservara o nome de Granja do Silêncio e, de certa maneira, o consagrara, mandando pintá-lo numa placa que pregara ao portão.

Indagando, viera a saber que a propriedade pertencia ao Sr. Rogério de L., jovem doutor em medicina.

A essa notícia, grande satisfação experimentei, pois que se me apresentava, muito simples e muito natural, a possibilidade de me encontrar novamente com o proprietário da granja. A profissão comum a ambos criava entre nós uma espécie de ligação e tornava relativamente fácil travarmos um dia relações pessoais.

Para isso, mais depressa do que me fora possível prever, a ocasião se ia apresentar. Muito conhecido em Château-du-Loire, acontecia-me jantar frequentemente com algumas notabilidades do lugar, fazendeiros importantes, notáveis, ou médicos, e, de cada vez, fazia novos conhecimentos.

Paul Bodier

Tinha por amigo íntimo um médico já velho, de quem, precisamente, acabava de receber convite para jantar em sua casa, no primeiro domingo depois da minha chegada ali.
Não pensei em faltar a esse convite, pois prezava muito particularmente a companhia do meu excelente amigo. No dia marcado, compareci pontualmente. O Sr. Antônio Boulay, assim se chamava o meu colega, me recebeu, como sempre, muito amavelmente e logo me comunicou que haveria um terceiro conviva.
— É um jovem médico de Blois — disse ele — com quem o meu amigo vai travar conhecimento.
O nome da cidade de Blois despertou-me algumas recordações que me fizeram perguntar ao Dr. Boulay:
— Quem é esse colega, caro amigo?
— O Dr. Rogério de L.
— Rogério de L. — repeti, dando um salto na cadeira em que me achava sentado.
— Quê! Conhece-o?
Já eu, porém, recuperara o meu sangue frio, de sorte que respondi negativamente, com muita placidez, sem dar a perceber quão turbada me ficara a alma.
— Verá — declarou-me o Dr. Boulay — que o Sr. de L. é um homem encantador e um sábio. Filho e neto de magistrados, preferiu seguir a carreira médica a entrar para a magistratura. Acrescentarei que a grande riqueza de que dispõe lhe permite exercer como amador a sua arte. Todavia, nem por isso deixa de ser um médico notável, um cientista muito distinto, que já se revelou tal por vários trabalhos bem interessantes. O senhor com certeza terá prazer em conversar com ele e muito feliz me sinto por lhe poder facilitar essas novas relações.
— Ah! sim, perfeitamente! — disse eu, sem saber bem o que respondia. — Isso me dará grande prazer, pois

que, tendo conhecido o avô do nosso colega, muita satisfação experimentarei em também o conhecer.

Mentalmente, enquanto conversava, ia fazendo meus cálculos e verificando por eles que a época de que o fantasma falara havia por força chegado.

Quais então seriam as surpresas que me estavam reservadas?

Não podia haver dúvida de que a personagem que se me anunciava era o fantasma reencarnado. Afinal, ia vê-lo.

Foi, pois, com certo nervosismo que aguardei a chegada do hóspede do Dr. Boulay.

Às sete horas, um criado veio anunciar a chegada do Sr. de L. que, passados alguns minutos, o mesmo criado, obedecendo à ordem de seu amo, introduzia na sala onde nos achávamos.

Meu amigo foi ao encontro do visitante e, depois de lhe apertar a mão, fez as apresentações do costume.

Por um esforço verdadeiramente sobre-humano, conseguira dominar de todo a minha emoção e pude falar sem tremor na voz, dirigindo-me ao recém-chegado.

— Tanto mais encantado estou de travar conhecimento com o ilustre colega quanto, outrora, tive a satisfação de conhecer seu avô que, na época, em 1855, era procurador imperial em Blois.

O Sr. de L., com uma inclinação de cabeça, disse:

— Agora tem ocasião de ver o seu neto, meu caro colega, encantado por reatar relações de amizade com o senhor. Espero que doravante tenhamos ensejo de encontrarmo-nos amiúde. O nosso amigo comum, Dr. Boulay, talvez já lhe tenha dito que costumo vir com frequência aqui, sobretudo no verão. Possuo, nas proximidades de Château-du-Loire, uma propriedade onde gosto de estar, pelo que, um ano ou outro, venho passar aí toda a estação estival.

Paul Bodier

"Sou doutor em medicina, é exato, mas não tenho clientela que me dê cuidados, visto que pratico a medicina por amor à ciência. Às vezes, é verdade, pensando em todos os meus colegas, me considero como um profano que houvesse penetrado furtivamente no santuário dos trabalhadores que todos vós sois. Esforço-me, entretanto, por lhes merecer a estima, procurando tornar-me útil pelas minhas pesquisas científicas e me sinto duplamente ditoso quando o consigo."

Enquanto o Dr. Rogério falava, eu o examinava, e a verdade é que não o reconhecia pela fisionomia, nem pela voz, nem pelos gestos, por coisa alguma que pudesse lembrar o fantasma de outrora.

Era de fato um novo homem, de todo diferente do que eu vira anos antes e, se não fosse a ideia arraigada em mim de que aquele indivíduo era a reencarnação do ser que me aparecera, fácil me teria sido acreditar que o meu cérebro divagava.

Logo o Dr. Boulay nos convidou a passarmos à sala de jantar.

Instantes depois, estávamos os três à mesa.

A troca das primeiras palavras sucedera trivial conversação e, malgrado a curiosidade que me impelia a interrogar o Sr. de L., fiquei à espera de uma ocasião propícia a fim de obter informações complementares sobre a sua vida.

Foi o meu amigo Dr. Boulay quem, incidentemente, dirigiu a conversação no sentido em que eu desejava vê-la encaminhada.

— Então, caro Sr. de L., já a sua granja está completamente preparada e transformada?

— Completamente. Está agora uma habitação deliciosa, onde tenciono passar o mais tempo que puder. Imagine — continuou o Sr. de L., dirigindo-se a mim

A Granja
do Silêncio

— que a granja a que se refere o nosso amigo é a propriedade a que eu ainda há pouco aludia.

— A Granja do Silêncio — disse eu impensadamente e mordi os lábios, percebendo a minha irreflexão.

Por felicidade, nem o meu amigo, nem o Sr. de L. deram pelo meu enleio.

— É isso mesmo, a Granja do Silêncio. Agora me ocorre que, tendo o senhor conhecido meu avô, é natural que tenha ouvido falar dessa propriedade que por longo tempo esteve ao abandono.

"Por morte de meu pai, a granja me coube em herança e, quando dela tomei posse, estava em lamentável estado. O nome que tem lhe fora dado pela gente da terra. Conservei a tradição, mandando gravar esse nome numa placa e pregá-la ao muro, perto do portão de entrada.

"Agrada-me essa denominação pelo ar de mistério que apresenta. Ademais, a Granja do Silêncio bem merece ser assim chamada, pois durante longos anos se conservou desabitada e silenciosa."

— Já tive ocasião — observei com ligeiro tremor de voz — de entrar nessa propriedade. É que seu avô me autorizara a procurar, num dos armários que lá existiam na biblioteca, alguns documentos que me podiam ser de certa utilidade para uma obra que na ocasião pretendia escrever.

— Muito bem — disse o Sr. de L. a sorrir — muito bem! Se o colega me quiser dar o prazer de uma visita, absolutamente não reconhecerá a casa, nem o jardim que conheceu. Um aposento, porém, há lá que fiz questão de conservar, por assim dizer, tal qual: precisamente o que era a biblioteca a que acaba de aludir. Verificará que, afora a limpeza que se fazia indispensável, nada nessa sala foi mudado. Lá encontrará o armário em questão e também, com certeza, os documentos que consultou.

Paul Bodier

"Não sei por que, mas é fato que ali o que mais me agrada é essa sala, da qual fiz o meu gabinete de trabalho. Acresce que, dando uma busca nos armários, encontrei, em grande quantidade, coisas do mais alto interesse."

Interrompeu-o o Dr. Boulay, dizendo:

— O Sr. de L. é um sábio, conforme lhe havia dito, meu caro amigo.

— Sábio muito modesto — replicou o jovem doutor — e que muito feliz se considera em aconselhar-se com sábios mais autorizados do que ele. Por isso mesmo, espero que se dignará de conceder-me a sua amizade e de permitir que me aproveite de seus valiosos conselhos.

Sem perceber, no correr do jantar, me fui sentindo atraído pela palestra agradável do Sr. de L. e, quando nos separamos, prometi-lhe formalmente visitá-lo dentro de curto prazo na Granja do Silêncio.

Ademais, eu percebia que imperiosa circunstância me impelia a procurá-lo com frequência e, do mesmo modo que antigamente, o meu desejo tinha, a intensificá-lo, a curiosidade de testemunhar os acontecimentos cuja realização era por mim esperada desde muito tempo.

Todavia, a essa curiosidade se misturava certo temor.

Logicamente, aquela reencarnação do fantasma havia de ter por objetivo uma expiação. Nesse caso, que coisas terríveis não se dariam?

A todos os meus pensamentos se associava uma impressão dolorosa que me punha um tanto apreensivo na expectativa do que viria a suceder.

Capítulo 2

Quando fiquei só, depois de me despedir do meu amigo e do Dr. de L., entrei a refletir sobre a personalidade deste último.

Não havia do que duvidar, acabara de estar em presença do antigo fantasma da Granja do Silêncio e, no entanto, do mesmo modo que antigamente, ainda me assaltavam dúvidas. Assim que cheguei a casa, fechei-me no meu gabinete de trabalho e me pus a consultar febril um cartapácio que organizara sobre os acontecimentos passados.

Tudo me indicava que se cumpririam as predições feitas havia trinta e cinco anos.

Porém, à minha satisfação e às minhas dúvidas, estavam sempre de envolta o mesmo temor.

Aquela nova reencarnação tinha que ser, não podia deixar de ser uma vida de provações para o assassino. Fazia eu então um paralelo entre a situação atual do Dr. Rogério de L. e essa mesma vida de provações que lhe era necessário suportar.

Nenhuma desgraça entrevia no presente e perguntava a mim mesmo o que estaria para acontecer.

Paul Bodier

A que horríveis dramas teria que assistir? Pressentia com muita clareza que os acontecimentos se iam precipitar e tinha a intuição de que cada hora me traria uma nova surpresa.

Prometera ao Dr. de L. que o visitaria no dia seguinte, na Granja do Silêncio, e estava muito decidido a cumprir a minha promessa.

Assim, a pensar e refletir, passei grande parte da noite, à minha secretária, aonde me veio surpreender a madrugada.

Quase vexado de me haver deixado absorver tanto pelas minhas reflexões, apaguei a lâmpada e me fui deitar, a fim de satisfazer a grande necessidade que experimentava de um pouco de repouso.

Adormeci logo e, quando despertei, era quase meio-dia.

Almocei à pressa, depois de todo vestido para sair, e me dispus a partir para a Granja do Silêncio, onde deveria achar-me às duas horas.

Como dantes, certa emoção me acelerava o ritmo cardíaco e, ao adiantar-me em direção à granja, tinha a impressão de me encontrar há trinta e cinco anos, quando percorria aquele mesmo caminho, a fim de comparecer ao encontro que o fantasma aprazara.

Diante do famoso portão de ferro forjado, parei um pouco. Tão forte me pulsava o coração que, por momento, receei perturbar-me e parecer ridículo ao Dr. de L.

Timidamente, puxei o cordão da sineta e esperei.

Quase no mesmo instante, apareceu no topo da escadaria uma criada cortês e ligeira que me veio sem demora dar entrada.

Logo que penetrei no jardim, circunvaguei por ele o olhar.

Estava tudo completamente mudado. Já se não viam de cada lado da casa as grandes árvores e os arbustos crescidos, que noutro tempo formavam uma como decoração agreste em torno da granja.

Acompanhei a criada e entrei na casa.

Mal transpusera o limiar da primeira porta, dei com o Dr. Rogério de L., que vinha ao meu encontro de mãos estendidas e que, sem cerimônia, me tomou do braço, dizendo:

— Venha por aqui. No meu gabinete de trabalho estaremos bem e poderemos conversar. Mais tarde, quando o Sol declinar um pouco, levá-lo-ei a visitar a propriedade.

E, assim falando, fez-me entrar para o seu gabinete.

Mal me achei naquela sala, detive-me constrangido.

O Sr. de L., percebendo a minha emoção, pôs-se a rir.

— Ah! meu caro colega, reconhece, não? É o mesmo aposento onde há anos veio buscar os papéis que meu avô o autorizara a compulsar.

"Como ontem lhe disse, quis que nada nesta sala sofresse a menor alteração. Depois de a ter mandado limpar meticulosamente, fiz dela meu gabinete de trabalho.

"A este propósito, vou contar-lhe uma história, que talvez lhe pareça singular e quero que o colega me dê a decifração do enigma que, confesso, muito me tem intrigado."

— Uma história — observei — vejamos, conte-a!

— Então, sente-se, peço-lhe.

Apressei-me a obedecer e o Sr. de L. também se sentou à sua secretária, defronte de mim, no mesmo lugar onde se sentava o fantasma.

Coando-se por uma cortina verde colocada à janela, a luz do dia deixava todo o fundo do aposento numa espécie de penumbra, o que de modo surpreendente me punha diante dos olhos os mesmos aspectos e os mesmos tons dos tempos idos.

— Como sabe — começou o Sr. de L. — aqui houve sempre uma biblioteca. Ora, pouco depois da minha

Paul Bodier

chegada à granja, da primeira vez que nela me instalei para passar alguns dias, necessitei de um esclarecimento acerca de Luís XIV, porque, devo dizer-lhe, às vezes me dou a indagações históricas.

"Ora, absorvido nas minhas cogitações, lembrei-me subitamente de que talvez encontrasse a informação de que necessitava nas memórias de Saint Simon, historiador do grande rei.

"Pois bem! E aqui é que, na verdade, principia a minha história. Vim sem tardar a esta sala, fui direto ao armário e, sem hesitação, retirei dele os volumes das memórias do citado historiador e, com efeito, achei o informe que me era necessário.

"Note bem, e é isso que me parece de todo ponto extraordinário, que eu ignorava em absoluto a existência desses livros na aludida biblioteca e, assim que os tomei e folheei, fui presa do maior espanto.

"De fato, por que prodígio tivera eu a ideia de vir aqui e pegar, sem vacilação, esses livros quando também ignorava absolutamente que eles aí se achavam?

"Aqui está um ponto cuja elucidação solicito da sua perspicácia.

"Mas não é tudo. Passado algum tempo, precisei de outro esclarecimento e, dessa feita, sobre um episódio da história romana. Tal qual da vez anterior e como que impelido por uma força invisível, voltei, sempre sem hesitação, a consultar nesta biblioteca uma tradução de Suetônio e, manuseando a obra, ainda mais espantado fiquei com a encontrar, assim que abri a estante, num amontoado de livros de todos os gêneros.

"Queira dizer-me se nesses dois fatos não há uma particularidade estranha cuja explicação debalde procuro.

"Entretanto, há coisa melhor e, neste ponto, peço que não zombe de mim: folheando alguns livros desta

A GRANJA
DO SILÊNCIO

mesma biblioteca, deparei com certos textos anotados e se me afigurou que fora eu próprio o autor das anotações. Em suma, são ideias minhas que encontrei escritas à margem dos volumes e juro-lhe que, se tivera tido a fantasia de fazer tais anotações, tê-las-ia feito, com certeza, no mesmo sentido."

Seguiram-se alguns instantes de silêncio, durante os quais meu interlocutor, sorridente, se conservou a fitar-me.

Recordações tais despertavam em mim as palavras do Sr. de L. que estive a pique de lhe narrar a minha original história. Logo, porém, me lembrei da recomendação do fantasma e cuidei de responder:

— É, com efeito, singular o acontecido, mas, em seu lugar, não lhe ligaria maior importância.

— Contudo, creio que seria curioso acharmos a decifração desse enigma, tanto mais quando somos doutores em medicina. Quem jamais poderá dizer com exatidão o que é o nosso cérebro, que influência e que repercussão podem ter sobre ele as impressões exteriores?

"No caso que lhe refiro, a que impressão diretora obedeceu o meu? Teria eu, por acaso, herdado de meus antepassados a faculdade de rememorar certas coisas que lhes foram pessoais e deverei considerar que obedeci a uma espécie de atavismo psíquico, provindo diretamente deles?

"Mas, então, como explicar esse atavismo psíquico? Em virtude de que prodígio terei podido armazenar em mim uma faculdade capaz de tão curiosos fenômenos?

"Desde que sou doutor em medicina, tenho-me aplicado muito especialmente ao estudo do cérebro humano, a pesquisar e explicar as semelhanças que podem existir psiquicamente entre os indivíduos de uma mesma família.

"Confesso que até o presente não logrei descobrir a chave desse mistério. Assim sendo, recorro hoje ao seu

Paul Bodier

saber e à sua grande experiência, pedindo um raio de luz que aclare esse tenebroso problema.
— A questão que o colega propõe, confesso-o, me coloca em grande embaraço. Todavia, julgo poder dar-lhe uma semissatisfação, desde que aceda em me responder exatamente a algumas perguntas que, aliás, terão caráter meramente científico, do qual procurarei não me afastar.
— Meu caro mestre, estou pronto a ouvi-lo — respondeu o Sr. de L. a sorrir.
— Ora bem! O colega falava há pouco de atavismo psíquico. Pode dizer-me com exatidão o que seja isso?
— Parece-me muito simples. Por atavismo psíquico entendo as faculdades que nos vêm dos nossos ascendentes. Para nós outros, doutores em medicina, há um fato, por assim dizer, comprovado e é que fisicamente a criatura tem quase sempre as mesmas taras que seus ascendentes e também as mesmas qualidades. Ora, como o moral está intimamente ligado ao físico, lógico me parece que a mesma criatura seja igualmente tributária de seus pais nesse domínio.
— Fácil é, no entanto, infirmar a sua teoria, porquanto, se, de um lado, em muitas circunstâncias, concedo, o filho se assemelha física e moralmente aos pais, outros casos há, não menos numerosos, em que o que existe é, ao contrário, considerável dessemelhança.
— Confesso que, a meu turno, me sinto embaraçado, pois que já tenho perguntado a mim mesmo se a complexidade da nossa natureza não será a resultante de causas muito diversas das que se podem considerar suscetíveis de provir diretamente dos nossos antepassados e se aquelas causas – talvez o colega ache pouco científico o meu raciocínio – não residiriam unicamente em nós, isto é, em nossa essência pessoal, admitindo-se, bem entendido, que

A GRANJA DO SILÊNCIO

cada ser humano forma um todo completo, sem nada trazer dos seus ascendentes, salvo o que as leis da evolução o forçam irresistivelmente a tomar deles.

"A natureza, o senhor sabe tão bem quanto eu, não dá saltos, pelo que pergunto a mim mesmo se uns e outros não somos seres em período constante de evolução, o que necessariamente implicaria múltiplas existências anteriores."

— Meu caro Sr. de L., sua resposta é a que eu mesmo teria dado se a questão me tivesse sido proposta, e há muito tempo as minhas ideias sobre esse ponto são absolutamente semelhantes às suas.

— De sorte que as particularidades que tanto me têm intrigado proviriam, em última análise, de uma reminiscência passageira de minhas vidas anteriores?

— Não foi isso o que eu disse — exclamei, subitamente assustado com o rumo que tomava a nossa palestra.

— No entanto, assim foi que o compreendi — declarou positivamente o Dr. de L., fitando-me com obstinação. — É exato que algumas vezes — continuou ele — inquiro de mim mesmo se já não terei vivido nestes sítios que tão familiares me parecem; se não terei compulsado todos os livros desta biblioteca; enfim, se não terei desempenhado um papel neste mundo em tempo relativamente próximo da atualidade. Mas, por outro lado, uma reflexão me detém e inquieta. Se já vivi na Terra, por que não guardo lembranças mais precisas dessa ou dessas existências anteriores e por que me vejo condenado, de certa maneira, a só comprovar fatos muito simples que me fazem duvidar de mim mesmo e que unicamente servem para me afundar numa dúvida obsidente?

— A isso eu lhe poderia responder que talvez não seja dada ao homem a possibilidade de conhecer todo o

Paul Bodier

mistério da vida e da morte antes que tenha progredido bastante em sabedoria e em ciência. Desvendar a seres fracos o grande mistério não seria embaraçar-lhes o adiantamento? Porque, tendo a humanidade, como vemos, acabado apenas de nascer para a razão, concebível é que estejamos em guarda contra as nossas fraquezas ainda muito ligadas, por uma espécie de laço de continuidade, à história das épocas anteriores.

"A lembrança, para todos nós, seria, quem sabe, uma pesada bala que arrastaríamos conosco, e é possível que essa lembrança só se possa precisar num estado superior, no qual a matéria se ache positivamente dominada pelo espírito.

"Mas, peço-lhe, não procuremos elucidar essa questão. O colega me prometeu uma visita à sua propriedade. Lembro-lhe a promessa.

"Ademais, se todas essas coisas o interessam, retomaremos doutra vez o fio da nossa conversa e creio que teremos ensejo de produzir belas dissertações sobre o assunto."

Levantei-me um tanto nervoso da minha cadeira e, assim, forcei de certo modo o Dr. de L. a me imitar.

Ele, entretanto, muito jovial, me ponderou que o calor ainda estava forte demais àquela hora do dia para descermos ao jardim.

Eu, porém, tanto insisti que, afinal, cedeu. Deixamos, então, o seu gabinete de trabalho, onde a atmosfera me parecia pesada e angustiosa.

Decorridos alguns minutos, estávamos no jardim e eu me esforçava por dar novo rumo à nossa conversação.

Quantas transformações ali!

Realmente, o Sr. de L. imprimira belo aspecto ao magnífico terreno que circundava a granja. Aleias largas e harmoniosamente desenhadas substituíram os meandros

A GRANJA DO SILÊNCIO

amatados de outros tempos, e uma imensidade de roseiras em flor, pois que estávamos no mês de maio, mais embelezavam os gramados, orlados de craveiros multicores. Algumas apenas das grandes árvores tinham sido conservadas, e suas densas frondes lançavam aqui e ali fresca sombra nos tabuleiros floridos. Maravilhava-me a beleza do jardim metamorfoseado daquele jeito.

O Sr. de L. sorriu ao notar a minha admiração.

— Despendi grandes quantias — disse-me ele — nesta propriedade, e tenho a certeza de que o colega está comparando o seu estado atual com o de antanho. Fiz questão de dar a este parque uma feição principesca, porque, devendo casar-me em breve, conto habitar a granja a maior parte do ano.

— Ah! Vai casar-se?

— Vou e espero que assentirá em me dar a grande honra de ser uma das minhas testemunhas. Não recuse, peço-lhe. Bem me pode prestar esse serviço e por muitíssimo honrado me terei com a sua aquiescência ao meu convite. Conhecemo-nos de pouco, é verdade, mas vamos sem dúvida ter ocasião de nos vermos amiúde, porquanto a nossa profissão comum tende a nos aproximar continuamente e muito feliz me considerarei sempre de contá-lo no número de meus amigos.

"Ao vê-lo pela primeira vez, senti-me insensivelmente atraído para a sua pessoa e estou de antemão certo de encontrar no senhor um amigo fiel, acrescido de um conselheiro seguro e experimentado."

— O senhor é muito amável e por felicíssimo me darei em lhe satisfazer o desejo.

— Muito bem! Tinha a certeza prévia de que o senhor aceitaria. Ah! doutor, há de ver quanto é digna do meu amor a donzela que escolhi para esposa!

Paul Bodier

— Oh! oh! parece-me estar, com efeito, muito enamorado. Vou tomar a liberdade de lhe perguntar quem é essa beldade.

— Há de, sem dúvida, conhecê-la, pelo menos de nome, pois é aparentada com uma família muito conhecida nestas redondezas: a bisneta daquele marquês de Rosay, assassinado durante a Revolução por meu tio-avô, André de L. Ainda que muito estranha se lhe afigure essa aliança, ela a mim me parece muito natural.

Ao ouvir semelhante revelação, julguei que a terra ia se abrir debaixo dos pés. Tive que parar um momento e amparar-me numa árvore para esconder a minha emoção.

— Sim — prosseguiu o Sr. de L. — os ódios devem ser esquecidos e, se algumas recordações odientas nos vêm perturbar a felicidade, uns e outros nos devemos esforçar por esquecer as querelas e as faltas de nossos avós a fim de vivermos numa benfazeja harmonia e sob o influxo de recíproca amizade que nos tornarão suave e bela a vida.

Cada vez mais intensa se tornava a minha emoção à medida que o Dr. Rogério de L. dizia aquelas coisas e, ainda uma vez, tive a impressão de estar vendo e ouvindo o fantasma de anos atrás.

Entendi, no entanto, que era de meu dever pedir alguns esclarecimentos.

— O senhor me acaba de dizer que sua noiva é uma descendente do marquês de Rosay, morto durante a Revolução, o que quer então dizer que o marquês tinha muitos filhos, visto que, se não me engano, sua filha teve a mesma desgraçada sorte que ele.

— E exato: o marquês de Rosay tinha um filho que, a seu turno, teve alguns filhos. Minha noiva é filha de um destes últimos.

A GRANJA DO SILÊNCIO

"Houve, aliás, alguma resistência quando lhe pedi a mão e não foi sem muita dificuldade que cheguei a vencer a repugnância do avô paterno, educado no ódio à nossa família.

Em verdade, cumpriria que a Srta. Rosay e eu assumíssemos a responsabilidade das faltas de nossos antepassados? Advoguei a minha causa e ganhei-a em toda a linha. A Srta. Germana será minha mulher e viremos, ela e eu, residir nesta granja.

"A nossa presença aqui fará com que as tristes recordações desapareçam, e as nossas famílias, indissoluvelmente ligadas, trabalharão de acordo por se elevarem pelo amor, no culto do belo e do bem.

"O meu caro doutor testemunhará a nossa felicidade e se sentirá mesmo feliz, vendo que o somos.

"Breve, daqui a algumas semanas, a granja estará em festa. O senhor gozará conosco a ventura de viver na paz ditosa da nossa companhia florida e banhada de Sol."

Capítulo 3

Ao contrário do que sempre se passara em mim quando invulgares acontecimentos ocorriam, dessa vez conservei-me absolutamente impassível. Até mesmo experimentei certo desafogo, como se um bálsamo salutar me houvesse aliviado e consolado a alma toda.

Trinta e cinco anos havia que esperava a realização do que me fora anunciado e me sentia satisfeito por ver que essa longa expectativa tocara a seu termo. Reinava no meu íntimo dulcíssima alegria.

Assim, com precisão a bem dizer matemática, tudo se cumpria.

Cessara de um momento para outro o mistério obsidente e minhas ideias se achavam luminosamente esclarecidas pela realidade dos fatos.

À minha satisfação, porém, certo temor se juntava sempre, porque, afinal de contas, a reencarnação do fantasma tinha que ser para uma expiação, e esse temor me torturava.

Até aquele momento, não me fora possível perceber distintamente qual seria essa expiação. Contentava-me com ir anotando a aproximação extraordinária que, de

Paul Bodier

modo por assim dizer natural, se verificara entre os principais atores do drama de antanho, sem poder imaginar com clareza o que, no futuro, resultaria dessa aproximação. Durante as três semanas que se seguiram à minha primeira visita ao Dr. de L., longamente refleti, sem conseguir, no entanto, encontrar uma solução satisfatória. Tomei então o partido de não me inquietar.

Acontecimentos vários havia ainda de dar-se, era positivo, inevitável, fatal, e nada mais me cabia senão os observar, como anteriormente, sem pretender mudá-los de forma nenhuma.

Em momento algum deveria o meu papel deixar de ser puramente passivo. Uma vez mais, reconhecia que nada me era lícito fazer, senão me manter na observação rigorosa dos acontecimentos que se passassem sob as minhas vistas.

Minha escolha, para testemunha do casamento do jovem colega, me obrigava a estar com ele amiudadamente, antes da cerimônia nupcial. Sempre, porém, evitara escrupulosamente fazer a mínima alusão aos terríveis sucessos produzidos durante a Revolução.

Ademais, o Sr. de L. não tornara a tratar do assunto e se me afigurava uma ação má forçá-lo eu a isso.

O acaso das minhas visitas à granja me proporcionara ensejo de lá encontrar um dia a Srta. Germana de Rosay, cuja graça e beleza me maravilharam.

Pareceu-me que jamais contemplara criatura tão perfeita.

Alta, esbelta, morena, de cabeleira abundante, tez ligeiramente rosada, perfil de impecável pureza, toda ela formava um conjunto gracioso, de infinito encanto.

Os olhos, tinha-os negros, brilhantes, vivos, meigos, admiravelmente rasgados e sombreados por longos cílios, que amorteciam um pouco o fulgor do olhar. Quando falava, o som de sua voz me abalava profundamente.

Ao vê-la, compreendi que o Sr. de L. consagrasse apaixonado amor a uma mulher tão surpreendentemente linda.

Afinal, chegou o dia do casamento. A cerimônia se celebrou sem grande aparato a 1º de junho de 1890. À noite, num grande jantar, reuniram-se as famílias dos noivos e de seus amigos.

Esse jantar se realizou na Granja do Silêncio, nome que, naquele dia, tornou-se impróprio, pois que durante todo o tempo franca alacridade reinou entre os convivas.

Tudo o que a beleza, a mocidade, o amor e a riqueza são capazes de proporcionar ali se havia congregado para ventura dos cônjuges. De quantos assistiram àquela festa, era eu o único a recear dos acontecimentos que se seguiriam.

O casal deliberara partir para a Itália e a permanecer até o começo do outono. Aliás, o Sr. de L. me anunciara sua próxima partida em companhia da esposa.

— Dar-lhe-emos notícias nossas — dissera-me ele — e conto que, ao regressarmos, não deixará de nos vir frequentemente visitar.

A amizade que parecia dedicar-me levara-o a tomar-me, como ele próprio declarara, por seu confidente íntimo. Quanto a mim, sentia uma espécie de vexame em me imiscuir involuntariamente na sua vida. Como quer que fosse, porém, reconhecia que tinha de ser assim, e me entregava, sem resistência, à amizade que também eu consagrava aos dois jovens.

No próprio dia em que partiram, ambos reiteraram a promessa de que me mandariam notícias suas. Acompanhei-os à estação e lhes desejei deliciosa viagem.

Paul Bodier

Dois meses decorreram sem que notícia alguma deles me chegasse.

Um tanto inquieto, todas as manhãs aguardava o carteiro na esperança de encontrar, na minha correspondência, uma carta do Sr. de L.

Por fim, no primeiro dia do terceiro mês, recebi, vinda de Florença, a que passo a transcrever na íntegra:

"Florença, 1º de agosto de 1890.
Caríssimo amigo,
Talvez esteja muito admirado de não ter ainda tido notícias nossas. Mas, com certeza, nos desculpará, lembrando-se de que recém-casados que realizam uma viagem de núpcias são criaturas muito ocupadas.

O mundo cessa de existir para eles, que se tornam um pouco egoístas, entregues de todo à felicidade de se acharem reunidos para gozar da ventura real de uma união harmoniosa.

Seguimos a regra: teremos sido extremamente egoístas e extremamente ditosos.

Depois, andamos a correr esta Itália deliciosa e pitoresca.

Visitamos Roma, Nápoles, Veneza e estamos agora em Florença, donde lhe dirijo esta carta.

Quero, prezado amigo, pedir-lhe um conselho.

Oh! não se assuste! Nada há, pelo menos assim o creio, de grave; mas, não obstante, preciso recorrer à sua ciência de médico e à sua opinião de amigo certo.

Como viu, Germana, antes da nossa partida, gozava de excelente saúde, não é verdade? Saúde que se manteve inalterada durante quase seis semanas, malgrado as fadigas das nossas peregrinações.

Desde há quinze dias, porém, já não se dá o mesmo. A minha adorada Germana me parece atacada de um mal tão inexplicável quanto inexplicado.

A GRANJA
do silêncio

Toda a minha ciência médica não me permite formular um diagnóstico que me satisfaça, pelo que recorro ao amigo a fim de que me auxilie.

Não se trata, estou certo, de uma enfermidade comum. Germana tem boa constituição. Não receio para ela a anemia. Está sofrendo apenas de pesadelos terríveis, seguidos de uma espécie de delírio intermitente que a deixa extenuada, abatida, sem forças.

Assim que tenta repousar um pouco, os pesadelos se sucedem.

Somente durante o dia lhe é possível gozar de alguma calma relativa e dormir tranquila.

Nos primeiros dias, lançamos o fato à conta do cansaço das nossas contínuas excursões, dos nossos passeios ininterruptos. Mas não tardamos a perceber que a causa não residia aí.

Será o começo de um mal de definhamento? Será o prelúdio de um estado histérico ainda não definido? Será o sinal premonitório de uma anemia cerebral? Será, finalmente, uma simples perturbação física, sem consequências gerais? Não consigo responder com exatidão e, portanto, me vejo na impossibilidade de prescrever um tratamento e remédios apropriados.

Porém, o que mais me inquieta, o que, por bem dizer, me aterroriza é a natureza dos pesadelos.

Germana vê sangue, sangue por toda parte. Debate-se contra inimigos imaginários; grita, brame de pavor e, quando desperta subitamente, em meio de uma crise, fica hebetada, com angustiado semblante.

Ainda ontem, como me aproximasse dela para tranquilizá-la, repeliu-me com violência, dizendo: "Vai-te, assassino!" Em seguida, voltando a si de repente, teve uma crise de lágrimas e me pediu perdão.

Ambos sofremos com esse mal extraordinário; sofremos, quando tudo nos deveria sorrir; sofremos, ao pensar que, ainda há poucos dias, fruíamos a mais completa ventura.

Paul Bodier

Havíamos pensado em voltar quanto antes para a França, porém, Germana, que a princípio concordara, depois recusou e, assim, apenas saímos de Veneza para ganhar Florença, onde estamos faz três dias.

Parece-me que o mal vai aumentando e eu, impotente, louco de desespero por ver a minha bem-amada em tão terrível estado. Que fazer? Ah! meu amigo, aconselhe-me, indique-me um remédio, um tratamento. Eu, de mim, nada posso. Sinto, diante desse estranho mal, a impotência de toda a minha ciência médica.

Germana definha, cavam-se-lhe as faces, e, no entanto, afirmo-o com segurança, a auscultação minuciosa nada me revelou. Ela não tem coisa alguma, nada, senão a obsessão desses horrendos pesadelos.

Começo a ter medo, um medo que não posso analisar, um medo quase infantil, que incessantemente se renova. Desejara tê-lo perto de mim para me tranquilizar.

Escreva-me logo, logo, diga-me qualquer coisa, esforce-se por achar um remédio que talvez dê resultado. Agradecer-lhe-ei de joelhos.

Espero sem falta uma carta. Peço-lhe que nos escreva, somos tão infelizes os dois!

Germana e eu lhe rogamos que acolha o testemunho da nossa amizade.

Rogério de L.

Em pós-escrito, o Dr. de L. me indicava que dirigisse a minha correspondência para a posta-restante, pretextando que tencionava fixar residência em lugar diverso daquele onde se achava provisoriamente instalado.

Quando terminei a leitura dessa missiva, fui presa de tão intensa emoção que me pus a chorar.

A GRANJA
DO SILÊNCIO

Acerbo sofrimento me assaltara de súbito e, por alguns momentos, agitou-me um tremor convulsivo que não consegui reprimir de pronto.

Afinal, com muita energia, dominando a minha emoção, deliberei responder imediatamente e escrevi a seguinte carta:

Acabo de receber sua carta e me dou pressa em tranquilizá-lo sobre o estado da Sra. de L. Ao meu ver, é infantil de sua parte ligar maior importância aos pesadelos de que me fala.

Não vejo nisso mais do que um acidente passageiro, uma espécie de delírio de interpretação, cujas causas reais me fogem, mas que decerto não poderá durar muito.

Creio que se trata, pelo menos é o que a sua descrição me faz supor, de uma psicose depressiva, facilmente curável e que desaparecerá com a mesma facilidade com que se apresentou.

Parece-me conveniente, no caso, atacar essa afecção benigna por meio de um esforço da vontade, impondo o amigo a sua.

Persuada, pois, pura e simplesmente, a Sra. de L. de que está curada, ou de que o estará dentro em breve, mas empregando tenaz e absoluta firmeza. Estou certo de que verá desaparecer em poucos dias, talvez mesmo em algumas horas, todos os acidentes consecutivos ao delírio de interpretação que os pesadelos sugerem.

Se, contudo, esse meio não der resultado, deixe a Itália e volte sem mais demora. A paz e a tranquilidade da nossa campanha sem dúvida restituirão a saúde à Sra. de L. e, ademais, farei todo o possível para o auxiliar no tratamento dessa neurose.

Tenha, portanto, coragem, passeie. Está numa terra encantadora onde, maravilhosamente adornada, a natureza suscita por força a alegria de viver.

Escute a grande voz da natureza. Ela lhe ministrará o prodigioso remédio que cura tudo.

Paul Bodier

Apresento a ambos os meus melhores votos por um pronto restabelecimento e quero vê-los voltar para cá, no outono, cheios de força, de vida e de saúde, ditosos e confiantes no advento tranquilo de um porvir prenhe das mais doces alegrias, das mais merecidas venturas, sempre renovadas.

GILLES BODIN

Ah! quanto eu desejara ter a certeza de que tudo o que escrevera seria exato! Lembrava-me, porém, cheio de ansiedade, de que chegaram à fase das provas e das expiações, e horrível angústia me fazia fremir, pensando no Sr. e na Sra. de L. Porque nenhum engano era possível. Os pesadelos desta última lembravam o crime de outrora, praticado na floresta de Jupilles, e era precisamente o espetáculo daquele morticínio que se apresentava nos sonhos da pobre moça.

Que consequências decorreriam dessa neurose?, perguntava-o angustiadamente a mim mesmo e muito sofria por não poder traçar um plano exato do que se ia passar.

Oito dias transcorreram assim, antes que outra carta me chegasse da Itália.

Na manhã do nono dia, quando o carteiro me entregou a correspondência, imediatamente se me deparou uma sobrecarta com o carimbo do correio de Florença. Abri-a sem demora.

Dessa vez, soltei um suspiro de alívio. O Sr. de L. me informava que seguira o meu conselho e que sua mulher parecia ter recobrado um pouco de calma.

"Ainda há crises, por vezes violentas, acrescentava, mas não desespero de vê-las atenuar-se e desaparecer em breve."

Dizia-me também que dentro em pouco estariam de volta, pois a Sra. de L. desejava regressar à Granja do Silêncio.

"Germana insta comigo para que regressemos à França.

Acredita que isso a libertará dos seus terríveis pesadelos, que se vão abrandando, é certo, mas que ainda horrivelmente me inquietam."

Refleti demoradamente depois da leitura dessa segunda carta.

Talvez, pensava eu, que esse delírio não seja mais do que acidente vulgar. E à ideia de que os acessos depressivos, ou melhor, a astenia, fossem de curta duração, uma esperança renascia em mim.

Mas, involuntariamente, minhas reflexões me levavam de modo claro à visão precisa da expiação e de novo me assustava, a debater-me entre a esperança e a dúvida, que mais uma vez ameaçava apoderar-se de meu espírito.

A fim de dar um pouco de diversão ao meu nervosismo, deliberei ir até a granja, visto que o Sr. de L. tivera a gentileza de deixá-la à minha inteira disposição.

— Na biblioteca há livros curiosos — dissera ele. — Venha proceder a uma investigação em tudo isso. Estou certo de que descobrirá coisas interessantes e, quando eu voltar, informar-me-á das suas descobertas.

Tendo prometido satisfazer o desejo do meu jovem colega e amigo, dirigi-me para a granja, aonde cheguei uma hora depois.

Entrei imediatamente na sala da biblioteca e lancei uma vista de olhos aos títulos dos volumes enfileirados nas estantes.

Conforme o Sr. de L. me observara, havia ali obras raras e curiosas e muito até me surpreendeu deparar com algumas de subido valor.

Paul Bodier

O que, porém, mais me admirou foi a diversidade de todos aqueles livros.

De súbito, dei com um minúsculo volume, sem nome de autor.

Abrindo-o, vi que era um antiquíssimo tratado de astronomia.

Desde logo, muito me interessou a leitura desse livrinho.

Verifiquei que o autor anônimo tinha ideias bastante elevadas e teorias ousadas para a época, relativamente remota, em que escrevera sua obra.

Eis aqui algumas passagens textuais que me pareceram curiosíssimas:

O orgulho induziu o homem a cometer o erro de considerar a Terra, por ele habitada, como o único planeta onde se encontram seres inteligentes.

Que aberração a sua quando imagina que os imensos globos que rolam no Espaço infinito existem unicamente para cintilar na serenidade das noites límpidas e para lhe encantar a vista.

É de esperar que um dia a ciência fará justiça a semelhante tolice e a tal presunção, dando a prova de que os inumeráveis mundos que divisamos são outras tantas habitações de seres talvez mais adiantados do que nós. É de se esperar que o gênero humano algo entreveja do grande mistério que encobre à nossa visão o poder infinito de um ente superior, criador e ordenador supremo desses mundos.

Ah! se ela chegasse a provar que todo ser humano tem por destino percorrer sucessivamente todos os campos do Infinito, desenvolvendo à perpetuidade sua sabedoria e seu saber!

O estudo da astronomia está fadado ao grande surto. Ela demonstrará um dia que o homem não é o primeiro entre as criaturas, que seu adiantamento se acha subordinado a leis bem definidas, que ele só pouco a pouco poderá ir compreendendo, conforme lhe forem permitido o seu labor constante e o seu crescente saber.

Quando esses tempos houverem chegado, ele se dignará um pouco mais a elevar o coração e admirar a sublime harmonia da natureza, lembrando-se de que lhe cumpre ascender cada vez mais alto, tendo por meta a beleza e a sabedoria infinitas.

Lendo essas linhas, senti-me profundamente tocado. Percebi que a humanidade tinha seus precursores, verdadeiros profetas anunciadores das épocas porvindouras, e comecei a perceber e entrever as grandes leis que regem o universo.

Verdadeiramente lógicas se me antolhavam as vidas sucessivas de cada ser, único princípio compatível com a justiça e o progresso, e sentia que, assim compreendida, a morte perde todo o seu horror, nada mais sendo, em suma, do que a terminação ineluctável de períodos mais ou menos longos, por meio dos quais o Espírito, escravo da matéria, chega um dia, a poder de trabalho e perseverança, a dominá-lo completamente.

Como outrora, quando da última aparição do fantasma, quis clamar isso a todos os ecos. Quis, sobretudo, tranquilizar o meu amigo e a sua esposa, cujas desditas iam suceder-se, e, no entanto, só pude, ao pensar em tanta coisa, enxugar as lágrimas que me subiam aos olhos e inundavam o rosto.

Forçoso me era esperar mais para prosseguir na análise de todos os acontecimentos que iam dar-se.

Continuei a leitura do volumezinho por todo o resto da tarde.

Paul Bodier

Quando a concluí, em vez de pô-lo novamente no lugar de onde o tirara, meti-o no bolso. Afigurava-se-me que, naquelas páginas envelhecidas, uma parcela de verdade se continha ali, depositada por um Espírito superior, e que mais tarde ainda me seria preciso consultá-las para apreender certas coisas.

Calmamente, como viera, deixei a Granja do Silêncio e voltei para minha casa, a cismar.

Capítulo 4

Chegara o mês de outubro e eu esperava, de um momento para outro, o regresso do Sr. e da Sra. de L.

Com efeito, a última carta que recebera me anunciava a próxima chegada dos dois, e a lembrança de que eu tornaria a ver as personagens que teriam de desempenhar tão importante papel nos acontecimentos que eu previa me punha um tanto nervoso.

Nenhuma perturbação, entretanto, experimentei quando uma tarde meu criado veio dizer-me que o Sr. e a Sra. de L. me esperavam na sala de visitas, para onde ele os fizera entrar e eu me dirigi sem demora.

Logo ao penetrar ali, meu olhar foi direito à Sra. de L. e nada me surpreendeu ao verificar, à primeira vista, que ela trazia no rosto os estigmas do estranho mal de que tão subitamente fora acometida.

Conquanto se conservasse adoravelmente bela, bem visível mudança se lhe operara no conjunto da fisionomia. Uma espécie de apatia como que a imobilizava numa atitude de lassidão e tristeza, e, não obstante o sorriso de

Paul Bodier

seus lábios descorados, reconheci com terror que o mal era mais profundo do que eu o pudera supor.

Quanto ao Sr. de L., também o achei menos prazenteiro e notei que funda ruga lhe sulcava a fronte.

Sem dizer palavra, ele me apertou efusivamente as mãos e, com o olhar ensombrado de tristeza, me indicou a esposa.

A moça percebeu a muda interrogação do marido, pois que exclamou num tom a que procurava dar aparência de alegria:

— Doutor, meu marido não é razoável. Estou melhor, muito melhor. Sinto-me quase curada e tenho a certeza de que, em breve, o estarei completamente. Os desagradáveis pesadelos de que lhe falou agora se vão espaçando cada vez mais. Sem perceber, vou renascendo para a vida, para o prazer, para a ventura.

Enquanto ela falava, eu a examinava cheio de curiosidade.

Jamais, durante toda a minha longa carreira médica, se me oferecera ensejo de observar caso tão extraordinário. Tinha a impressão de me encontrar diante de um problema horrivelmente complicado, cujos dados precisos me faltavam totalmente.

Julguei, no entanto, de bom aviso mostrar-me muito alegre e gracejar. A voz, porém, me tremia ligeiramente e mal consegui responder ao que dissera Germana.

O Sr. de L., com muita gravidade, assim me falou, designando a esposa:

— Há, é exato, uma melhora grande, mas muitas coisas ainda nos inquietam. Espero, todavia, com o seu auxílio, chegarmos a vencer o mal.

Explicou-me depois, circunstanciadamente, todas as fases da enfermidade.

A GRANJA
DO SILÊNCIO

De quando em quando, Germana abanava a cabeça e um pálido sorriso lhe bailava nos lábios sem cor.

Quando o Sr. de L. concluiu, pareceu-me conveniente tentar uma reação sobre o moral das duas pobres criaturas. De repente e com extrema jovialidade, afirmei que o mal era perfeitamente curável e tão bem me conduzi que logrei convencer um pouco o Sr. de L.

— Ora, vamos — disse ele — tenho-lhe confiança. Acredito no que me afirma.

— Tanto mais fácil lhe será isso — acrescentei — quanto é certo que o futuro justificará as minhas previsões. Dado que assim acontecerá, visto que hoje são meus hóspedes, não mais falemos de enfermidade. Ficarão para jantar comigo e conversaremos de coisas mais alegres.

— Aprovo a sua ideia, meu caro doutor — declarou Germana a rir, dessa vez com satisfação.

Toda a tarde passamo-la assim a palestrar alegremente, e ninguém, observando-nos os três, poderia suspeitar de que tínhamos o íntimo agitado por pensamentos tristes que o nosso riso forçado não lograria ocultar por muito tempo.

Quando, afinal, decorridas algumas horas, fiquei a sós um instante com o Sr. de L., disse-me ele sem rodeios:

— Vamos, diga-me o que pensa.

Procurei uma escapatória, mas o meu interlocutor me chamou à realidade de modo quase brutal, declarando:

— É inútil, meu caro amigo, querer ocultar-me a verdade. Germana, eu o vejo e sinto, está atacada de um mal incurável.

Tive, por minha vez, forte movimento de revolta.

— Não — afirmei — e já lhe proporcionei um meio de combater o mal. Respondendo à sua primeira carta, escrita pouco tempo depois de terem chegado à Itália, aconselhei-lhe que impusesse sua vontade à doente. Fê-lo?

Paul Bodier

— Fi-lo, sem dúvida, mas o resultado não foi o que estávamos no direito de esperar.

— Tenha um pouco mais de paciência, pois continuo persuadido, falando como médico, que a sugestão é eficaz contra os acidentes devidos à emotividade, à imaginação dos doentes, quer se trate de fadiga cerebral, de dores, de medos, quer de sonhos alucinatórios.

"Cabendo, como cabe, nesta última categoria, creio firmemente que o caso de sua mulher deve ser tratado pela sugestão e previno-o de que vou tentar auxiliá-lo, pois me parece que ao meu amigo falece a vontade necessária para chegar com segurança ao resultado desejado."

— Seja — declarou o Sr. de L. — tenho-lhe a maior confiança. Faça, conseguintemente, o que for possível, porquanto é fato que sinto o meu cérebro turbar-se sempre que me vejo forçado a lutar contra a terrível psicose de que a minha bem-amada Germana se acha presa.

"Tenho refletido muito sobre esses sonhos que a obsidiam e pergunto a mim mesmo se minha mulher não revive em sonhos pavorosos algum acontecimento remoto, no qual os nossos antepassados, meus e dela, se envolveram."

— Que ideia! — exclamei, dissimulando com um sorriso a minha ansiedade.

— Não ria. Nada mais verdadeiro. Durante as crises de que ela sofre, tem muitas vezes proferido palavras que poderiam parecer incoerentes a outros, que não a mim, mas que indicam claramente uma orientação do Espírito para visões precisas de fatos anteriormente ocorridos.

— Explique-se, não compreendo.

— Pois bem! Muitas vezes tem Germana falado de assassínio, de cilada, e o modo particularíssimo por que se exprime faz-me supor que ela revive uma cena sangrenta que se desenrolou nestes sítios.

A Granja do Silêncio

"Certa vez, notadamente, no curso de uma crise mais violenta, me descreveu diversas coisas com tal precisão que não posso duvidar, tanto mais quando disponho de uma base que me permite fazer singulares assimilações."

— Vejamos, vejamos, cada vez compreendo menos. Precisemos as coisas — disse eu a tremer.

— O senhor conhece a famosa biblioteca existente na Granja do Silêncio, a cujo respeito já lhe tenho falado demoradamente. Ora, Germana, que ignora o que se contém nessa biblioteca, recitou, numa de suas crises, trechos completos de notas escritas pela mão de meu tio-avô André de L., trechos que exatamente se referem à desavença que houve outrora entre as nossas famílias. Por que prodígio pode minha mulher saber desses escritos?

"Não vê nisso uma prova material, indiscutível de que, com efeito, ela revive acontecimentos anteriores à sua existência atual?

"Repito-lhe que há três meses venho refletindo profundamente e estou certo de que me não engano. Temo compreender."

— O quê?

— Como o meu caro amigo sabe, meu tio-avô André de L. desempenhou infame papel durante a Revolução e matou o marquês de Rosay e sua filha na floresta de Jupilles. Ora, pergunto, não andará a minha pobre Germana a reviver a horrível cena desse assassínio?

— Oh!...

— Escute. Parece-me que muitos acontecimentos, ou, se o preferir, que muitos pequeninos fatos me vêm perturbar e para os quais não posso encontrar explicação plausível senão em reminiscência passageira de sucessos vividos.

"Consoante já lhe disse e repito, revolvi completamente a biblioteca existente no meu gabinete de trabalho

Paul Bodier

e descobri, entre os papéis, notas sobre os sucessos em que meu tio-avô tomou parte direta no correr de sua vida.

"Afigura-se-me que de há muito conheço tudo isso e que fui testemunha de todos esses sucessos.

"Aliás, como deve lembrar-se, já entre nós agitamos a questão de nada haver de surpreendente em que todos já tenhamos vivido.

"Se raciocinarmos cientificamente acerca desse ponto, o senhor reconhecerá comigo que é em absoluto contrário ao bom senso admitir-se que surgimos do nada, com uma inteligência já desenvolvida, com as nossas qualidades e defeitos.

"Bem sei que fará intervir a enéada, a hereditariedade e mil outras coisas, mas será forçosamente levado a verificar que não pode definir com exatidão todos esses fatores, criados, de certa maneira, para atender às exigências da causa.

"Dirá que tivemos uma infância, uma adolescência, durante as quais o nosso corpo se desenvolveu, ao mesmo tempo em que o nosso espírito, porém, esse desenvolvimento é positivamente o que nos escapa em seu ponto inicial, isto é, nessa faculdade intelectual que trazemos ao nascer.

"Tudo, pois, me induz a crer que a nossa existência atual é apenas o corolário, ou, se quiser, a continuação normal de vidas anteriores.

"Não são de regra, em torno de nós, as transformações sucessivas dos seres? Não é exato que estes progridem lentamente às nossas vistas por meio de uma série de transformações cuja gênese não apanhamos, mas cujo resultado, por muito tangível, é inegável?

"Por que então somente nós fugiríamos à lei geral? Por que indivíduos que somos já superiormente organizados com relação aos que observamos não estaríamos sujeitos à mesma lei desconhecida que rege os desenvolvimentos em todos os reinos da natureza?

A GRANJA DO SILÊNCIO

"Com toda a sua ciência, será capaz de explicar a diversidade das inteligências, a variedade dos gostos, as aspirações contrárias, a dessemelhança das paixões entre os seres humanos, as tendências bem acentuadas para tais qualidades ou tais defeitos?

"Ainda aí, provavelmente, se esforçará por fazer com que intervenha a educação que cada um de nós recebe, a influência do meio e a questão da hereditariedade.

"Pelo que toca à educação e à influência do meio, poderá, reconheço-o, apresentar argumentos de grande valor e afirmar, com alguma aparência de razão, que esses fatores são de considerável importância. Contudo, enlear-se-á lamentavelmente quando quiser explicar a hereditariedade.

"Cada dia que passa mais fortalece em mim essa ideia e, se me faltam argumentos em que apoie solidamente a minha tese, tenho, por intuição, a certeza de que não me engano. Entretanto, assusta-me igualmente o verificar que a verdade se faz patente aos meus olhos.

"O senhor é a única pessoa a quem ouso confiar a angústia de minha alma, mas também, assim o creio, a única suscetível de a compreender. Daí o dizer-lhe: tenho a intuição de que já vivi e de que participei de acontecimentos terríveis."

— E se assim fosse? — aventurei com alguma vivacidade. Deverá envenenar a sua existência atual com a lembrança vaga de um passado problemático que não lhe é possível saber ao certo se fez parte do seu viver? Deverá sacrificar a quimeras a felicidade que lhe é fácil alcançar e conservar?

— Meu caro amigo, consinta que lhe diga que não apreendeu claramente o meu estado de alma e que o que trata de quimeras é, sem dúvida, a resultante de fatos ocorridos precedentemente e nos quais estive envolvido.

Paul Bodier

"Toda a lógica do seu raciocínio fracassará, necessariamente, quando tentar me demonstrar que não se justificam os meus temores, porquanto estou firmemente convencido de que não me equivoco.

"Inúmeros episódios de pouco relevo corroboram os meus pressentimentos e me tornam patentes as deduções que tiro do meu estado psíquico, e, apesar de todos os esforços que emprego para vencer os receios que continuamente me assaltam desde o começo da enfermidade de Germana, sou forçado a sofrer, sem remissão, esses assaltos."

Meneei a cabeça e procurei convencer o Sr. de L. de que se enganava. Ele, porém, me replicou com energia:

— Não, não tente dissuadir-me. Quer, evidentemente, fazer com que eu readquira um pouco de calma. Difícil, entretanto, lhe será chegar a convencer-me.

"A estranha enfermidade de minha mulher, sua neurose, se prefere dar-lhe esse nome, para empregar um termo médico, me obrigou a refletir muitíssimo, e não posso, digo mal, não devo aceitar como causa dos fenômenos que se dão com ela senão a situação anterior das nossas personalidades, situação em que ambos tiveram papéis bem definidos."

Interrompi o Sr. de L.:

— Escute. Permite que eu tente uma experiência com sua esposa? Talvez logre curá-la e subtraí-lo às ideias que me acaba de expender. Não desejo dizer-lhe de antemão o que vou tentar. Peço-lhe apenas que me dispense confiança e obtenha da Sra. de L. que se me entregue e venha, já amanhã, submeter-se à experiência que quero fazer com ela.

— Prometo que Germana virá amanhã a sua casa.

— Agora, esforce-se por não torturar o seu espírito, pretendendo achar a solução de tantos enigmas. Vamos ao encontro dela, que desceu há pouco para o jardim, e espere com paciência e confiança dias ditosos.

Capítulo 5

— Então, o doutor vai tentar a minha cura... Ah! praza aos céus a consiga.

Em pé, diante de mim, a Sra. de L. juntara as mãos e, a me fitarem, seus grandes olhos negros, marejados de lágrimas prestes a correr, me imploravam com tanta viveza que me senti turbado.

— Vamos, minha filha, seja razoável e, sobretudo, observe escrupulosamente o que lhe vou dizer. Da sua obediência é que depende, em primeiro lugar, o bom êxito da minha experiência.

— Fique tranquilo, seguirei cegamente os conselhos que me der. Desejo tanto me ver curada.

— Então, sente-se com toda a naturalidade nessa poltrona e não fale mais. Não receie coisa alguma e olhe bem para mim.

Muito passiva, a Sra. de L. executou o que lhe ordenei e logo à primeira vista reconheci que me seria fácil adormecê-la rapidamente.

Durante a minha carreira médica, eu já empregara os meios hipnóticos e sem dificuldade obtivera resultados felizes.

Paul Bodier

Com relação à Sra. de L., fracas esperanças de bom êxito alimentava, mas decidira experimentar. Acresce, devo confessar, que pretendia interrogá-la assim que a houvesse posto em estado de hipnose.

Poucos esforços me foram necessários para levá-la a esse estado. Depois de me haver certificado de que era regular a cadência do pulso e de tomar todas as precauções indispensáveis, comecei o meu interrogatório.

À minha primeira pergunta, Germana experimentou violento abalo, intensa contração de todos os membros.

— Sofre? — perguntei.
— Sofro, sofro muito.
— Diga-me: por que sofre?
— Oh! o senhor está me fazendo mal, muito mal. Tenha pena de mim, suplico-lhe. Bem sabe a razão do meu sofrer. Por que, então, se obstina em me torturar?
— Sei apenas que está doente e desejo curá-la.
— Não o conseguirá.
— Por que razão?
— Porque toda a sua ciência é impotente para alcançar esse resultado.
— Engana-se, a ciência é poderosa.
— Muito relativo é esse poder. Como sois presunçosos todos! A ciência, no mais das vezes, é simples joguete de forças imperceptíveis, desconhecidas, ou, quando muito, mal conhecidas. Só o orgulho do homem a qualifica de poderosa.
— Contudo, a senhora, neste momento, está em meu poder e eu lhe ordeno que fale. Assim o quero.

Uma espécie de estertor se produziu na garganta da Sra. de L.

— Piedade! Piedade! Imploro-lhe. O senhor me está fazendo mal. Ademais, bem sabe o que tenho. Por que insiste em que eu diga aquilo que sabe há mais de 35 anos?

— Explique-se, exijo-o!

A esta última ordem, Germana se levantou bruscamente e, com inaudita aspereza, entrou a narrar o que eu efetivamente sabia.

Em frases curtas, ditas aos arrancos e entrecortadas de soluços e estertores, relatou a horrível cena do crime da floresta de Jupilles.

Sentia-se, na voz da infeliz mulher, todo o horror que dela se apossara. Revivia todas as minúcias do pavoroso drama e, à proporção que avançava a narrativa, arrepiavam-se-me os cabelos.

O sentimento da minha responsabilidade me forçou a interrompê-la e a fazer com que de novo se sentasse na poltrona.

Houve um instante de silêncio que não ousei quebrar e de que me aproveitei para refletir profundamente.

A partir dali, nenhuma dúvida mais poderia existir para mim. A Sra. e o Sr. de L. eram com efeito os mesmos seres de outrora, reencarnados. Acabara de colher disso prova formal, indiscutível.

Antes de despertar a pobre senhora, tive a curiosidade e a coragem de lhe dirigir mais algumas perguntas:

— Por que se tornou esposa do Sr. Rogério de L.?

— Porque era necessário para a aproximação de nossas almas; porque não poderia haver perdão sem que tivesse havido amor e devotamento; porque, para ele, como para mim, é esta uma prova que devemos sofrer a fim de ascendermos um pouco para a sabedoria e a bondade.

— A senhora, no entanto, é vítima inocente, e o sacrifício que lhe foi imposto bem terrível me parece.

Paul Bodier

— Não é certo que vítimas inocentes têm por vezes resgatado as faltas dos homens? Veja, por exemplo, o Cristo. É inegável que, em confronto com o seu, o meu sacrifício é muito restrito, muito fraco.
— Poderá dizer-me o que se vai passar agora?
— Não me é possível falar abertamente sobre esse ponto. Não posso anunciar o futuro senão em suas linhas gerais.
— Dê-me a conhecer o que sabe.
— Não sei mais do que aquilo que o senhor mesmo prevê, porquanto muito clara é a intuição que tem de todos os acontecimentos de que seremos participantes.
— Desejara que precisasse esses acontecimentos.
— Para que me há de torturar? Bem sabe que me faz sofrer horrivelmente, e a experiência que resolveu tentar só pode influir mal sobre o estado de minha saúde. Não prossiga, espere com paciência os acontecimentos. Posso afirmar-lhe que virão corroborar todas as deduções que o senhor seja capaz de tirar.

"Mas cumpre também que se lembre de que não deve pretender penetrar até muito longe pelo futuro adentro. Por um privilégio muito especial, o senhor se tornou depositário de um segredo que há de servir mais tarde para a educação de seus irmãos. Por preço algum deve querer ir além do que lhe é permitido conhecer.

"Todos os seres humanos de uma época são lançados nos mesmos declives, nas mesmas sendas, e as diversidades que entre eles se revelam não são tão grandes quanto o senhor talvez suponha.

"De fato, a harmonia universal força a aproximação dos seres identicamente imperfeitos para que se lhes efetive a evolução. É uma lei a que os homens, embora inconscientemente, sempre obedecerão. Sem isso, não haveria sociedade possível e, por enormes que pareçam as diferenças entre os seres da mesma época, numerosos são, a aproximá-los inelutavelmente, os pontos comuns a todos.⁵

"Pelo que concerne a meu marido e a mim, ambos obedecemos a essa lei geral. Nada lhe pode obstar o curso, nada pode impedir que os acontecimentos se deem. Entretanto, importa que se evite confundir tudo isso com o que chamais de fatalidade.

"Não há coisa alguma que se possa qualificar de fatal. O que há são apenas consequências naturais dos fatos anteriores e dos atos que nós mesmos praticamos. Conquanto obrigados a atingir a meta, sempre conservamos uma espécie de liberdade relativa que nos faz senhores dos nossos destinos no sentido de que é possível retardar ou acelerar nossa marcha para frente.

"Quando os seres que vivem no globo terrestre se houverem compenetrado bastante de que a mais insignificante ação má terá sua repercussão, produzindo-se esta por uma espécie de contrachoque; quando, afinal, houverem compreendido que nada se perde, que nada cai no olvido, que tudo é medido, pesado e julgado no seu valor exato, passarão a viver vida ditosa e ampla, donde se acharão banidos os ódios e as paixões tumultuárias.⁶

"Pelo que lhe diz respeito, seu dever consiste em continuar a observar-nos. Dessa observação, deduzirá mais tarde a regra de conduta que terá de ensinar a seus irmãos desgraçados. Em breve, tudo estará terminado, porém, queira ter a bondade de nada mais me perguntar."

---

⁵ N.E.: Podemos, por este prisma, examinar a época atual, e cada um dos seres que a compõem poderá reconhecer a sua imperfeição. Tal coisa, porém, é muito difícil para o orgulhoso que se julga superior aos outros.

⁶ Nota do tradutor: Que lição para os ricos, para os poderosos, desde que a queiram compreender.

Paul Bodier

Patenteando-se cada vez com mais violência os sinais de fadiga da Sra. de L., resolvi despertá-la. Decidi, porém, tentar, antes, varrer-lhe da lembrança o drama que descrevera.

— Esqueça tudo — disse-lhe.

— Esquecerei, porque me ordena, mas, repito, nem por isso os acontecimentos deixarão de maneira alguma de ocorrer. Não me torture mais, rogo-lhe! Sofro! Sofro muito!

Ouvindo essa nova súplica, fiz cessar o sono hipnótico. Assim que despertou, a Sra. de L. circunvagou o olhar pela sala onde nos achávamos, depois disse tristemente:

— É extraordinário, doutor, parece-me ter dormido. Que se passou?

— Não se perturbe, minha filha. Dormiu, com efeito, um sono provocado por mim. Posso agora lhe afirmar que nunca mais terá aqueles ignóbeis sonhos.

A Sra. de L. se conservou algum tempo silenciosa, depois, voltando completamente a si, me perguntou:

— Meu caro doutor, que fez o senhor para obter esse resultado que eu tanto desejava?

— Não se preocupe com isso. Tranquilize-se, não procure saber. O principal é que esteja curada.

Eu me esforçava por aparentar muita satisfação, porém, no íntimo, estava profundamente aflito por só me ser possível fazer afirmações vagas.

Com certeza, Germana pressentiu o que em mim se passava, pois que me interpelou:

— Mas é mesmo exato que estou curada?

— Está, sim! Afirmo-o.

— Creio no que me diz, porque, meu caro doutor, o que também me causa grande mal é ver como sofre meu marido, a quem tanto amo. Rogério, bem o vejo, está inquieto, tem a preocupação constante da minha saúde, e eu

A GRANJA
DO SILÊNCIO

quisera, sobretudo, que ele se tranquilizasse um pouco a esse respeito. Conto com o senhor para isso.

Ao proferir essas palavras, a pobre moça se pôs de repente a chorar.

Mais uma vez, tive que fazer violentos esforços sobre mim mesmo para também não rebentar em soluços e procurei, em tom paternal, infundir-lhe coragem.

À proporção, porém, que lhe falava, a voz se me tornava trêmula e eu sentia que me era de todo impossível convencê-la. É que, certo de não mais se reproduzirem os sonhos obsidentes, certo igualmente estava de que a consunção lenta indubitavelmente levaria por diante a sua obra, e essa ideia me sufocava.

Sem o querer, punha em paralelo as últimas palavras da moça e as que ela pronunciara durante a hipnose, e meu espírito ficava confuso ante a dessemelhança dos dois sentimentos que pareciam em luta na sua alma: o amor e o ódio.

Ainda não de todo extinto, o ódio de outros tempos produzia choques contínuos que lhe ocasionavam a tristeza, e a infeliz senhora suportava mal esses choques de que resultavam graves perturbações em seu estado físico.

Quanto tempo teria de durar esse suplício? Que formas tomaria, como se manifestaria e qual seria o desfecho daquele caminhar para o esquecimento dos passados horrores?

Todas essas interrogações me torturavam e também eu sofria cruelmente por não poder determinar uma data e pôr fim rápido ao drama.

Acabara de afirmar a Germana que não mais se veria presa dos horríveis pesadelos. Era possível que a minha vontade triunfasse por completo nesse sentido, mas eu a reconhecia impotente em absoluto para obstar à morte lenta do organismo físico, minado pela consunção.

Que fazer? Que dizer à moça e a seu marido?

Paul Bodier

Claramente impossível se me patenteava qualquer luta. Deveria eu, todavia, confessar-lhes a minha impotência, ou teria por dever mentir, de contínuo, afirmando melhoras que apenas superficialmente existiam?

Sem dúvida, o total desaparecimento dos pesadelos daria lugar, ao menos por algum tempo, a muito ligeira melhora, que, entretanto, não passaria de ilusão. Apavorava-me de antemão a ideia de uma recaída terrível e profunda, da qual a doente não tornaria a levantar se.

Depois, não sobreviriam outras complicações, não teria eu que assistir a outros fenômenos orgânicos ainda mais terríveis do que os que caíam sob a minha observação naquele momento?

Pensando em todas essas coisas, a minha inquietação crescia de mais em mais e toda a minha força de vontade se me fazia mister para que no meu semblante não transparecessem os sentimentos que me agitavam.

...Ah! o que estava para acontecer havia de exceder em horror a tudo o que eu pudera imaginar!

Capítulo 6

Não consenti que a Sra. de L. regressasse desacompanhada à Granja do Silêncio.

Mais do que nunca, me parecia de meu dever tranquilizar os dois, marido e mulher. Considerei uma covardia minha deixá-los sós, sem consolação alguma.

Dado, pelo menos, que os meus prognósticos só em parte se cumprissem, as minhas afirmações prometedoras de uma melhora sempre trariam passageira esperança, graças à qual menor seria a agudeza das dores e da inquietação.

Assim, ao encontrar-me de novo na presença do Sr. de L., continuei a aparentar uma satisfação que longe estava realmente de sentir, mas que se me afigurava bastante para o efeito desejado.

Em poucas palavras, pus o meu colega ao corrente da experiência que tentara, afirmando-lhe a minha confiança no futuro.

Quando terminei, também ele se mostrou muito satisfeito.

— Eu bem sabia — disse, apertando-me efusivamente as mãos — eu bem sabia que o senhor acabaria por vencer o mal. Ah! quanta razão tive para lhe confiar

Paul Bodier

Germana, pois que, meu caro amigo, estou precisamente na contingência de me ausentar por uns oito dias para ir a Blois, onde vários negócios me reclamam. Tendo de deixar aqui minha mulher durante esse tempo, agora posso partir despreocupado, completamente tranquilo.

"Conto com o amigo para proporcionar a Germana um pouco de distração enquanto me achar ausente. Estou certo de que, ao regressar, a encontrarei de perfeita saúde."

— Como? Vai a Blois?

— Sim, questões de meu interesse me forçam a essa viagem a fim de as regular convenientemente. Afirmo-lhe que agora me sinto inteiramente tranquilo quanto ao estado de Germana. Aliás, meu amigo, tenciono partir daqui a instante e, se lhe não causar incômodo, será muito gentil, acompanhando-me à estação. Conversaremos durante o trajeto.

Respondi afirmativamente com a cabeça. Faltava-me, não sei por que, a voz. Sinistros pressentimentos me agitavam e, receando deixá-los perceber, abstinha-me quanto possível de falar.

— Sim — continuou o Sr. de L. — sinto que me renasce a esperança e ao senhor o devo, meu bom amigo. Ah! como poderei pagar-lhe tão grande dívida e de quanto reconhecimento se me tornou credor!

— Não falemos de reconhecimento — disse eu, um tanto vexado. Muito feliz me sinto em lhe poder ser agradável. Vou acompanhá-lo à estação, como me pede, e, enquanto estiver ausente, não me descuidarei de tratar da Sra. de L., que desejo ver em breve gozando de invejável saúde.

— Perfeitamente — concluiu o meu colega, fazendo uma curvatura — e, se nada tem a objetar, partamos imediatamente, que já estou um pouco atrasado e faço questão de não perder o primeiro trem.

Alegre e sorridente, Germana nos acompanhou até o portão e, feitas as últimas despedidas, lá ficou, vendo-nos avançar pela estrada afora.

De quando em quando, ambos voltávamos e ela nos dizia mais um adeus com a mão.

Trocamos um último aceno à primeira curva do caminho e, sem mais nos voltarmos, aceleramos o passo a fim de chegarmos a tempo à estação.

Até partir o trem, fiz companhia ao Sr. de L. e só depois que se me sumiu da vista o rápido que o transportava a Blois regressei lentamente a casa.

Aí chegando, logo após ligeira refeição, deitei-me, mas custei muito a dormir, porque a formidável tempestade que então se desencadeou não me permitia fechar os olhos.

Afinal, por volta de uma hora da madrugada, adormeci. Porém, decorridos poucos instantes, fui subitamente despertado pelo badalar de sinos em sinal de alarme.

No campo, esse sinal é dado às vezes por coisas sem importância. Contudo, em plena noite, é lúgubre ouvi-lo e sempre desagradável.

Desesperançado de poder dormir de novo, levantei-me, vesti-me à pressa e desci ao pátio da casa.

Assim que abri a porta de entrada, dei com enorme clarão que do lado do Sul coloria de um tom avermelhado o céu escuro, sem estrelas, um céu pejado de nuvens tempestuosas que alguns relâmpagos esbranquiçados ainda riscavam.

— Diabo! — disse a meia voz — Isso me está com ares de ser coisa séria. Vamos ver.

Paul Bodier

E saí. A uns 200 metros adiante, parei. De todos os lados acorria gente. Aos que passavam mais perto de mim, perguntei:

— Onde é o incêndio?

Um camponês gordo, pesadão, respondeu brutalmente, continuando a correr:

— Eh! Com os diabos! Deve ser na Granja do Silêncio. Veja: é exatamente na direção da granja, pois que desse lado não há outras habitações.

Estendendo o braço, o camponês apontava o canto do céu que o incêndio clareava.

Compreendi logo que o homem tinha razão e, sem querer ouvir mais nada, pus-me a correr. Sem me importar com as pessoas em quem ia esbarrando, corria sem me deter para tomar fôlego.

À medida que me aproximava da enorme fogueira, reconhecia que o campônio não se enganara. A granja estava sendo devorada pelo fogo.

Nesse momento, os sinos, por toda parte, davam o alarme: os de São Cristóvão, de Dissaysous-Courcillon, de Villebourg.

Badalavam os de todas as localidades circunvizinhas e, de tempos em tempos, o reboar ainda mais lúgubre do trovão dominava a ressonância dos bronzes.

Estava eu defronte do portão da granja e ia transpô-lo quando, de súbito, um grito terrível, agudo, abafou o crepitar do incêndio, o ruído do trovão e o badalar dos sinos. Em seguida, logo depois desse grito, as paredes da casa desmoronaram soturnamente, ao mesmo tempo em que aos ares subiam feixes de labaredas semelhantes a foguetes de um fogo de artifício.

Precisamente nesse instante, lívido relâmpago sulcou as nuvens e violentíssimo trovão reboou, acordando os ecos de toda a redondeza.

Não obstante esse estrondo, percebi distintamente um segundo grito: reconheci a voz de Germana a bradar desesperadamente por socorro.

Depois, quase sem transição, grande silêncio se fez, turbado apenas, de espaço a espaço, pelo ruir de alguns restos de parede que se haviam conservado a prumo e que as chamas bruxuleantes ainda lambiam.

É-me impossível descrever o horror de que me vi presa.

Permanecia no mesmo lugar, bestificado, a olhar para as ruínas da granja, para o jardim que o incêndio devastara, sem ousar avançar, nem recuar.

Os camponeses, nesse ínterim, chegavam e se esforçavam por penetrar naquelas ruínas fumegantes, com a esperança de ainda encontrarem algum ser vivo. Todos, porém, tiveram que bater em retirada, verificando ser, por enquanto, absolutamente impossível atravessar alguém aqueles escombros sem se ferir ou queimar.

A Sra. de L., não havia por que duvidar, morrera e ficara sepultada nas ruínas. Dela, com certeza, só se encontrariam restos informes, completamente calcinados.

Louco pavor de mim se apoderou ao pensar no Sr. de L., e, por instantes, tive ímpeto de me precipitar naquelas ruínas e ali também me sepultar.

Ante a impossibilidade de se aproximarem, os camponeses haviam procurado circunscrever o incêndio e, graças à abnegação com que operaram, podia-se esperar que a breve trecho o fogo estaria dominado.

Sem forças, incapaz de os ajudar, sentara-me um pouco afastado para observá-los, continuando como que hebetado em presença da horrível catástrofe.

Paul Bodier

Principiava a nascer o dia e, aos primeiros alvores da aurora, todo o horror do desastre se patenteava.

Do que fora a propriedade, nada mais restava senão destroços a fumegar. Nem sequer o jardim fora poupado. As moitas, os tabuleiros floridos, as árvores, tudo sofrera e estava em grande parte destruído. Nenhum ponto restara onde não houvesse unicamente um monte de cinzas negras ou pardacentas que a brisa da manhã levantava de quando em quando em finíssima poeira.

De repente, escutei os que trabalhavam soltar uma exclamação de horror e logo os vi retirar de sob uma trave quase totalmente carbonizada certa massa informe, também calcinada, irreconhecível.

Por uma circunstância extraordinária, desse cadáver, que nem mais apresentava sequer a forma humana, um braço ficara quase intacto, cuja mão se destacava do corpo horrivelmente queimado.

Acerquei-me e, abaixando-me um pouco, reconheci, à primeira vista, a fina e aristocrática mão da Sra. de L.

Era tudo o que restava da maravilhosa criatura que, ainda na véspera, eu tivera por tanto tempo diante dos meus olhos.

Quase desfaleci ao contemplar aqueles lúgubres despojos, e foi com dificuldade que me apartei do horrendo quadro.

Depois, acudiu-me subitamente à lembrança o Sr. de L., que no dia anterior partira para Blois e que, provavelmente tranquilo e cheio de esperanças, pensava no futuro ditoso de que me falara.

Penoso dever me cabia cumprir: o de comunicar ao desgraçado o que sucedera. Angustiado, eu tremia, perguntando a mim próprio de que maneira me desobrigaria de tão difícil missão.

Assaltou-me, em seguida, outra preocupação. O Sr. de L. estava, sem dúvida, em Blois, mas em que lugar? Estaria na casa onde eu entrara havia anos? Não era certo. Afligia-me imenso a ideia de o não encontrar antes da sua partida da cidade.

Entretanto, rápido tomei uma decisão: a de partir, sem tardar, para Blois.

Com efeito, era preciso evitar, a todo custo, que o Sr. de L. recebesse de modo brusco a fatal notícia, e os maiores esforços me cumpria empregar para ser quem lhe desse.

Retirei-me, pois, do lugar sinistro e, quase tão depressa quanto viera à Granja do Silêncio, dirigi-me para a minha residência.

*

Fiz, às carreiras, alguns preparativos de viagem e, duas horas mais tarde, tomava lugar no trem pelo qual me acharia em Blois antes do meio-dia.

Ia pensando no terrível desfecho que acabava de dar-se e, aterrorizado, perguntava a mim mesmo o que sucederia ao Sr. de L. Como receberia o infeliz a pavorosa notícia? Que explicações lhe daria eu? Que consolações poderia proporcionar-lhe?

Fiz, ao longo de todo o trajeto, sombrias reflexões e, quando o trem parou na estação de Blois, ainda nenhum meio me ocorrera de transmitir ao meu amigo a crudelíssima nova.

Apressei-me, no entanto, pois era preciso andar ligeiro. Assim, sem mesmo cuidar de me alimentar um pouco, embora me achasse apenas com o café que tomara pela manhã, dirigi-me sem detença para a rua de S., onde estivera havia 35 anos.

Paul Bodier

Por uma espécie de marcha paralela à que já realizara, tornava a passar, a bem dizer, metodicamente, pelos mesmos sítios, pelas mesmas fases, à proporção que os sucessos se precisavam, e eu caminhava sem parar, qual autômato que uma força oculta impelisse, guiando-lhe todos os passos.

Dessa vez, porém, não sabia como me haver, para comunicar ao Sr. de L. o tremendo fato. Confiava-me, forçoso é confessá-lo, pura e simplesmente ao acaso.

Esperei, assim, cerca de três minutos, depois de haver tocado, à porta, pela primeira vez, a campainha e tive que me encostar à parede a fim de não cambalear, aguardando que alguém me viesse fazer entrar. Já acariciava a quimérica esperança de não encontrar o Sr. de L. naquele momento, o que me forçaria a adiar a penosa entrevista, quando a porta se abriu diante de mim e me vi em presença do meu amigo, que viera em pessoa atender ao sinal da campainha.

Teve ele um movimento de surpresa ao reconhecer-me. Em seguida, sem dizer palavra, tomou-me do braço e conduziu-me pelo corredor da casa até um quarto do pavimento térreo.

Aí chegando, puxou uma poltrona e, por assim dizer, obrigou-me a sentar.

— Que significa a sua presença aqui? — inquiriu com voz apagada.

— Vamos! Acalme-se... acalme-se, eu... eu...

Era tão intensa a minha emoção que me tornava afônico. A língua se me pusera seca. Parei a meio da frase e impossível me foi articular mais uma palavra.

Sem me dar tempo para dominar-me, disse o Sr. de L.:

— Vem anunciar-me uma desgraça, não é?

Como eu respondesse apenas com um gesto impreciso, continuou:

A GRANJA DO SILÊNCIO

— Sim, uma desgraça! Não negue, não tente enganar-me, porquanto lhe vou dizer o que me vem comunicar.

A voz do pobre homem se tornara rouca e era de meter medo a palidez que lhe cobrira o semblante.

Sempre afônico, enterrei-me na poltrona, a olhá-lo espavorido.

— Esta noite — prosseguiu — esta noite, ouviu bem? Esta noite...

Pegara-me da mão e a apertava com tal força que a dor produzida me restituiu a palavra.

— Está a magoar-me — observei, retirando a mão.

— Esta noite — insistiu o Sr. de L. — sonhei, ou antes, vi, sim, vi a coisa mais horrorosa que se possa imaginar, e o senhor aqui se acha para confirmar a minha visão. Vem dizer-me que Germana morreu, queimada viva, no incêndio que destruiu a Granja do Silêncio.

"É isso, bem o sei, vi tudo, assisti, impotente, à pavorosa desgraça e meu sonho era exato. A sua presença o confirma."

E, de repente, o infeliz soltou ruidosa gargalhada, uma gargalhada de louco. Levantou-se da cadeira em que se sentara, atravessou repetidas vezes o aposento a passos largos e, postando-se diante de mim com os braços cruzados, exclamou em tom terrível:

— Mas fale! Nada receie, pois acabo de mostrar-lhe que sei tudo.

— Vamos, meu amigo, acalme-se — aventurei.

— Ah! acalmar-me... Diga-me então, antes de tudo, a verdade toda. Deu-se o que acabo de dizer, não é? Germana morreu, morreu de modo horroroso, alucinante. Vamos, vamos, diga... a minha visão, meu sonho, minha alucinação, o que quiser, o nome pouco importa, foi exato, era a realidade, não?

De novo, o Sr. de L. me segurava a mão e a apertava fortemente, brutalmente. Súbito, tomei uma decisão.

Retirando pela segunda vez minha mão daquele aperto brutal, pus-me de pé e, friamente, sem refletir bem no alcance das minhas palavras, disse apenas isto:

— Ah! essa desgraça se verificou.

Mal acabara de pronunciar a frase, o Sr. de L. soltou um grito horrendo, um grito que já nada tinha de humano e, girando sobre si mesmo, como animal mortalmente ferido, baqueou desacordado a meus pés.

Permaneci como que aniquilado junto daquele corpo estendido no chão a fio comprido. Logo, porém, me voltou o senso da realidade. Precipitei-me para o corredor e gritei por socorro.

Aos meus gritos, vários criados acorreram, porém, ao darem comigo, se detiveram espantados.

Pu-los, em poucas palavras, ao corrente do que sucedera na Granja do Silêncio, do que acabara de passar-se ali e, depois de me dar a conhecer, pedi-lhes que me secundassem nos cuidados de que necessitava o meu amigo.

Auxiliado por eles, transportei o Sr. de L. para o seu leito e tentei fazê-lo voltar a si.

Durante uma hora inteira, foram vãos todos os meus esforços.

Quando, afinal, ele abriu os olhos, ergueu-se um pouco sobre o travesseiro, olhou para todos com ar espantado, depois entrou a divagar e a soltar gritos agudos, levando as mãos à cabeça.

Ao primeiro exame, reconheci os sintomas de uma febre cerebral que de nenhum modo poderia mais ser dominada e, triste, abatido, depois de dar ao pessoal algumas

A GRANJA
DO SILÊNCIO

ordens necessárias, instalei-me à cabeceira do desgraçado para disputá-lo à morte que eu entrevia como desfecho final do drama.

Fui, por espaço de dez dias, vigilante enfermeiro do doente, apenas repousando muito sumariamente numa poltrona perto do seu leito.

No décimo dia pela manhã, notei ligeira melhora no estado do Sr. de L. e, aos primeiros clarões da madrugada, que ofuscavam a luz da lâmpada acesa, vi que o doente se voltava para o meu lado e me olhava, dessa vez com um lampejo de inteligência nos olhos que a enfermidade tornara fundos.

Atento, pus-me a observar, sem dizer palavra, a mudança que nele se operava, incrédulo, porém, quanto à sua cura, prevendo, ao contrário, para depois daquela relativa melhora, uma recaída temerosa, fulminante.

Todavia, passados alguns minutos, verifiquei estar bastante lúcido o pobre homem. Decidi-me, portanto, a lhe dirigir a palavra:

— Então, caro amigo, como se acha?

Ouvindo-me a voz, teve o enfermo violento sobressalto, depois do que fez sinal para que me aproximasse.

Obedeci de pronto, e ele, tomando-me febrilmente da mão, se quedou a olhar-me com assustadora fixidez que me turbava.

Súbito, quando eu esperava que me dissesse qualquer coisa, notei que se lhe mudava o semblante. E, à minha vista, causando-me a maior estupefação, incrível, extraordinário, inaudito fenômeno de transfiguração se produziu.

Em menos de um minuto, deixara eu de ter entre os olhos a fisionomia do Dr. Rogério de L. Outra a

Paul Bodier

substituíra, a de André de L., a do fantasma que havia 35 anos me aparecera na Granja do Silêncio.

Nenhuma dúvida me era possível: as linhas do rosto se acentuavam sem omissão de um só dos mais ligeiros traços. Era bem o fantasma de outrora.

Imóvel, emudecido, sempre com as mãos do enfermo entre as minhas, observava o incrível fenômeno à espera de uma palavra, de um gesto do homem duplo que ali estava na minha presença.

Mas esperei em vão. Nem uma só palavra proferiu. Depois de se haver formado com a máxima exatidão, o semblante do fantasma de antanho começou a apagar-se pouco a pouco e afinal dissipou-se, reaparecendo o do doente.

Este, passado o fenômeno de transfiguração, deixou recair a cabeça no travesseiro e entrou a dar surdos gemidos ao mesmo tempo em que se lhe ouvia um contínuo ranger dos dentes cerrados.

Por fim, cessou toda a agitação. Era o coma completo.

Às oito horas da manhã, o Dr. Rogério de L. exalou o último suspiro sem haver reaberto os olhos.

Ajoelhado junto do leito onde ele expirara, fiquei a contemplar-lhe a fisionomia, agora calma, na imobilidade glacial da morte que acabara de pôr fecho ao drama de que fora eu a única testemunha consciente.

Capítulo 7

A rapidez com que os acontecimentos se sucederam naqueles últimos 12 dias me obrigara a tomar todas as providências necessárias a assegurar a conveniente inumação dos restos da desgraçada vítima do incêndio.

Pedira ao meu velho amigo Dr. Boulay, de Château-du-Loire, que fizesse o que fosse preciso para isso e, graças aos seus cuidados, o caixão mortuário da Sra. de L. fora provisoriamente depositado num jazigo de família que me pertencia naquela cidadezinha.

A morte do Sr. de L. me impunha novos deveres. Resolvi dar todos os passos indispensáveis para que tudo se efetuasse da melhor maneira.

Uma hora após o falecimento, já havia tomado todas as disposições e me preparava para dar as últimas ordens quando um velho criado me veio trazer um envelope lacrado com que deparara muito em evidência sobre o fogão do quarto do Sr. de L.

Era para mim aquele envelope, pois que me estava sobrescritado, trazendo, numa nota, a recomendação de me ser entregue sem demora.

Paul Bodier

Abri-o com mão trêmula e não foi pequena a minha surpresa ao encontrar dentro, além de uma carta que me era endereçada, um testamento perfeitamente em regra e datado do dia em que eu chegara a Blois.

Por esse testamento, o Sr. de L. deixava sua fortuna aos pobres e me nomeava seu testamenteiro, legando-me, como lembrança em plena propriedade, a Granja do Silêncio, a cujo respeito tivera o cuidado de escrever o seguinte:

O Sr. Gilles Bodin tomará posse da Granja do Silêncio no estado em que ela se acha no dia da minha morte e, por uma autorização especial, que lhe será fácil obter, fará inumar no jardim, em lugar que escolher, o féretro de minha mulher e o meu. Nenhum monumento funerário será levantado sobre esses túmulos. Apenas arbustos e roseiras os assinalarão.

Oh! a ironia das palavras! A ironia daquele testamento que prescrevia que tomasse eu posse da granja no estado em que se achava!

Li e reli 20 vezes essa passagem que se me apresentava como o ponto mais cruel daquelas últimas vontades, formadas no ardor da febre e na expectativa de espantosa desgraça. E chorei, chorei sem cessar, pensando no sombrio drama que de modo tão horrendo pusera termo à vida de dois seres a quem votava grande afeição, que eram objeto da imensa e dorida piedade de uma alma que lhes conhecia os mais íntimos e ocultos segredos.

Nada obstante, perguntava ansiosamente a mim mesmo se tão singular aventura acabaria assim, deixando-me presa de obsidente dúvida, que me impedia de divulgar o que vira e observara durante 35 anos.

A Granja do Silêncio

Parecia-me necessário, indispensável, ter uma última prova, observar um último fenômeno, para me reconhecer autorizado a narrar tudo o que me sucedera.

Aguardando essa derradeira e suprema comprovação, conformei-me com o que estava determinado no testamento do Sr. de L. e, depondo-o nas mãos de um notário de Blois, pedi que empregasse a maior diligência para que eu entrasse rapidamente na posse do terreno onde, antes do incêndio, existira a Granja do Silêncio.

Fiz com que, provisoriamente, o féretro do Sr. de L. ficasse em Château-du-Loire, no jazigo onde já se encontrava o de sua mulher, e mandei restaurar, com a maior rapidez, o jardim da granja que o fogo devastara quase completamente.

Menos de um mês decorrido, o terreno estava limpo de todos os escombros do incêndio e nenhum vestígio mais subsistia da habitação de outrora. Apenas se conservaram intactos o portão de ferro forjado e o muro que cercava a propriedade.

Obtive sem dificuldade autorização para enterrar ali os dois corpos e resolvi executar sem demora a inumação.

Os esquifes do Sr. e da Sra. de L. foram, pois, colocados numa sepultura que mandei cavar bem perto do muro que rodeava o jardim, precisamente no lugar por onde, havia sete lustros, eu penetrara pela primeira vez na granja.

De acordo com o desejo expresso do Sr. de L., mandei plantar arbustos e roseiras no local daquele duplo túmulo.

Era minha intenção limitar-me a zelar apenas por aquele canto de terra, cuidando de que fossem tratadas e renovadas as flores que acabavam de ser ali plantadas, porquanto nenhuma ideia tinha de utilizar o resto do terreno que me fora legado. Cumpria que sobreviessem

Paul Bodier

novos acontecimentos para me induzirem a modificar meus projetos.

Depositados definitivamente os dois féretros no sítio que eu escolhera, regressei a casa e, depois de jantar, entrei para o meu gabinete de trabalho e de novo me entreguei às minhas divagações, a pensar na singularidade dos sucessos de que fora testemunha.

Embora desejasse uma nova confirmação daqueles sucessos, devo, entretanto, confessar que de modo algum previa qualquer manifestação suscetível de reforçar mais profundamente as convicções que se haviam formado em mim, sempre, contudo, deixando lugar à ligeira dúvida.

Sentado numa poltrona diante da minha mesa pejada de livros e papéis, cismava, a contemplar pela janela entreaberta o Sol que lentamente se sumia num céu purpúreo e, pouco a pouco, sem nisso atentar, sem cuidar de que se fazia noite, deixei que a obscuridade me envolvesse.

Desfrutava o gosto acre de me sentar só e, para mais me comprazer naquela solidão e naquela crescente escuridão, fechei a janela e voltei a sentar-me na minha poltrona.

De repente, um frêmito me passou por todo o corpo ao mesmo tempo em que um vento frio, mas leve, soprava no aposento.

Espantado, julguei a princípio que a porta se abrira, dando causa a uma corrente de ar. Porém, não tardei a ver que tal não ocorrera, que a porta se conservava fechada e que nenhuma abertura havia suscetível de dar passagem ao mais ligeiro sopro de vento.

No entanto, experimentava de modo preciso nas mãos e no rosto a sensação da passagem de uma brisa ligeira e, como insistisse em descobrir a causa daquela extraordinária ventilação, notei que todo o gabinete se enchia de claridade.

A GRANJA DO SILÊNCIO

Conservei-me imóvel, observando curiosamente o fenômeno que de momento a momento se tornava mais nítido e mais belo, o que me fez imaginar que uma aparição qualquer se ia seguir como sucedera anos atrás.

Não sofreu decepção a minha expectativa, pois bem presto vi apresentar-se ante meus olhos duas sombras que se foram tornando gradualmente mais distintas até que, afinal, dois seres perfeitamente constituídos se mostraram, nos quais reconheci o Sr. e a Sra. de L.

Assustado, enterrara-me na poltrona e olhava para os dois espectros que sorriam e vagarosamente se avizinhavam de mim.

Quando chegaram a dois passos da minha cadeira, pararam, mas continuaram a me olhar, sorrindo.

Vencendo a emoção que me ganhara, consegui dizer:

— Meus amigos, sois vós, sois mesmo vós?

— Não duvide — respondeu uma voz, que logo reconheci ser a do Sr. de L.

— Meu caro amigo — disse por sua vez Germana — permitido nos é mostrar-nos às suas vistas hoje pela primeira e última vez, porquanto nunca mais lhe será dado ver-nos na Terra. É preciso que observe esta nossa aparição a fim de que possa ficar certo de não haver sido joguete de grosseiras e loucas ilusões visuais.

Como me levantasse, os espectros tomaram assento em duas cadeiras que lhes estavam ao alcance depois de as arrastarem para mais perto de mim.

Coisa curiosa: nenhuma perturbação me causava a presença daqueles seres a cuja morte eu assistira fazia tão pouco tempo.

Experimentava, ao contrário, uma espécie de agradável descanso, sentindo-os ali bem perto. Contemplava-os a sorrir.

Paul Bodier

Tendo-me também sentado, puxei bruscamente a minha cadeira para junto das deles e tomei da mão direita de Germana.

Sem opor nenhuma resistência, ela a entregou, e a impressão que tive foi a de apertar uma mão comum, bem viva, quente e macia ao tato.

Segurei-lhe igualmente a mão esquerda, mas verifiquei, com grande estupefação, que era fluídica. Meus dedos atravessaram-na, sem, no entanto, a desagregarem.[7]

— Vamos, querido amigo, não percamos tempo, visto que daqui a momentos o deixaremos. Conversemos um pouco.

— Ides desaparecer? — perguntei ansioso.

— Assim é preciso. Não podemos permanecer indefinidamente na sua companhia. Já não somos deste mundo e nada lhe posso dizer senão o que disse outrora. Se nos fizemos visíveis aos seus olhos, foi porque vontades superiores nos autorizaram a fim de que se cumprissem os desígnios de todos os que velam pelo adiantamento, pela evolução, pela transformação dos seres vivos, física e espiritualmente.

"Porque, afinal, como o pode verificar, somos em realidade seres vivos na posse de faculdades de que não dispúnhamos na vida terrena. Depois desta verificação, cabem-lhe a missão e o dever de proclamar o que viu. Todos os seres humanos passaram, passam e passarão por estados semelhantes ao nosso e são chegados os tempos em que o grande mistério da vida e da morte tem que ser desvendado pelo menos em suas grandes linhas."

---

[7] N. E.: Um russo, o Sr. de Meck, numa conferência que fez em Paris, a 23 de fevereiro de 1914, sob os auspícios da Sociedade Francesa de Estudo dos Fenômenos Psíquicos, afirmou que testemunhara um fenômeno semelhante por ocasião de uma experiência de materialização. Clemente de Alexandria alude a uma tradição que ainda no tempo corria, segundo a qual João enterrara a mão no corpo de Jesus e ela o atravessou sem encontrar resistência. (*Jesus de Nazaré*, Albert Béville, texto da p. 407).

A GRANJA
DO SILÊNCIO

— Como se explica que os fenômenos de que fui testemunha não tenham sido manifestos a outras vistas que não às minhas? E por que hei de ser o único a comprová-los?

— Ah! bem o reconheço por essas palavras. É ainda o mesmo incrédulo que era quando, com outra fisionomia, lhe apareci pela primeira vez. Hoje, como naquela época, não disponho do poder de penetrar, até aos mínimos detalhes, o segredo do porquê que o obsedia e o faz duvidar da própria evidência. Devo, porém, repetir-lhe que isso é necessário e tirar-lhe a ideia de que é o primeiro homem que observa tão extraordinário fenômeno.

"Saiba que a ignorância, a maldade, o orgulho e a vaidade dos seres humanos têm obstado até hoje a comprovação mais amiudada da realidade de fenômenos que sempre, sempre se verificaram.

"O que lhe foi dado ver já se produziu para um reduzido número de privilegiados e, quando lhe chegar o momento de narrar a história das aparições de que mais uma vez, neste instante, é testemunha, poderá acrescentar que elas não constituem fatos excepcionais, que continuarão a produzir-se do mesmo modo que muitas já se produziram antes das que lhe coube presenciar.

"Pelo que nos diz respeito, a Germana e a mim, baste-lhe saber que vivemos uma vida ditosa, purificada pelos nossos sofrimentos terrestres, e prosseguimos em nossa rota, rumo a alegrias ainda maiores e de venturas cada vez mais intensas.

"Restam-lhe ainda cerca de dez anos de vida na Terra.[8] Empregue-os em estudar, em experimentar. Esse

---

[8] Nota do tradutor: Nas notas manuscritas que o Dr. Gilles Bodin deixou, estão precisamente as palavras "cerca de dez anos", mas, nesse algarismo, parece haver uma inexatidão, proveniente sem dúvida de uma confusão no cálculo do tempo, feito que este foi por um espírito muito recentemente desencarnado. Com efeito, o Dr. Gilles Bodin só morreu 20 anos depois.

Paul Bodier

estudo e essa experimentação lhe explicarão, melhor do que eu o poderia fazer, os grandes princípios, as grandes leis, a que se acham inelutavelmente submetidos, sem exceção alguma, todos os seres da Criação. Seu raciocínio de cientista, para usar das expressões humanas, acabará por assentar em bases bem definidas e o meu amigo terá a ventura de instruir seus irmãos, dando-lhes a conhecer um pouco do que até hoje constituiu doloroso mistério, que parecia impenetrável para sempre.

"Ao cabo de dez anos, virá juntar-se a nós. Esperá-lo-emos tranquilos e ditosos, confiantes no êxito da sua missão na Terra. E quando nos tornarmos a encontrar, será para juntos continuarmos a subir em direção à luz, à sabedoria e à ciência.

"Adeus, querido amigo. Seu pensamento luminoso atravessará os espaços e nos virá sempre tocar. A nossa alegria e a nossa felicidade aumentarão com isso, pois grato nos é saber que outros pensam em nós."

A estas últimas palavras, eu me erguera e, ainda uma vez, tentei pegar das mãos dos dois seres que ali se achavam, mas, no momento mesmo em que julgava segurá-las, os dois fantasmas desapareceram, deixando uma esteira luminosa. Minhas mãos encontraram apenas o vácuo.

Da passagem deles, nada mais restava além da estranha luminosidade que alumiava o aposento. Também esta gradualmente desapareceu e me vi de novo mergulhado na mais completa escuridão.

Compreendi que, dali por diante, seria inútil esperar-lhes a volta. Acendi então a lâmpada e, sereno e contente, me pus a refletir antes que me lembrasse de repousar.

Estava tudo acabado e nenhuma aparição mais tinha eu que presenciar.

Capítulo 8

Ditoso aquele que pôde penetrar as causas secretas das coisas.

Mais 20 acabam de escoar-se. Tenho que morrer em breve. Sei disso e sinto-o.

Durante esses 20 anos, multipliquei esforços à procura de explicação para os fenômenos que acabo de relatar e quero registrar as conclusões a que cheguei.

Creio, com todas as forças de minha alma, na sobrevivência; tenho a certeza de que ela é uma realidade. Creio no encaminhamento contínuo da alma humana para a perfeição e para a bem-aventurança.

Considero-me feliz, muito feliz por poder afirmar que aqueles que se conheceram e amaram na Terra um dia se encontrarão nesse Além misterioso que apavora os maus.

Creio nas vidas sucessivas, através da imensidade dos tempos.

Afirmo que todos já vivemos antes de nascermos para a vida atual e que todos tornaremos a viver novas e inumeráveis existências com o objetivo de adquirirmos uma sabedoria e uma ciência perfeitas.

Paul Bodier

Muito frequentemente, o medo da morte paralisa e gela a fecunda atividade da vida e todos necessitamos da esperança.

Sabendo o que na realidade somos e para onde vamos, melhor, sem dúvida, suportaremos as nossas provas.

Despojando-se gradativamente de todos os preconceitos, o pensamento humano se alçará acima de todos os sofismas a buscar, nas leis naturais, os grandes princípios de verdade e justiça.

Permitido me seja também dizer que creio no porvir da ciência, mas de uma ciência isenta de orgulho e de presunção.

No dia, talvez próximo, em que, sem ideias preconcebidas, se aplicarem ao descobrimento das virtudes de certas fórmulas empíricas, os sábios operarão maravilhas, prelúdio de novas descobertas que tornarão ainda melhor a humanidade.

Muitas vezes, no curso da minha longa existência, minha alma se viu presa de dúvidas, porém, diante das provas que se foram pouco a pouco acumulando, tive que me render à evidência e forte me sinto para proclamar a verdade.

Na hora presente, tudo anuncia uma evolução mais ampla das ideias, tudo nos clama que não somos, que não podemos ser eternamente escravos da matéria, pois que tudo nos diz e tudo nos demonstra que ela não pode ser realmente vivificada e transformada senão por um princípio inteligente, esse donde procedemos e que trazemos em nós, para progredirmos, progredirmos sempre, na eternidade dos séculos, a fim de nos tornarmos, por nossa vez, potências criadoras, colaboradoras eternas e benfazejas daquele em quem residem todos os princípios da sabedoria.

Gradativamente, as leis morais se melhorarão, e a criatura chegará a seguir as lições da natureza, mas, então, cônscia da existência daquelas leis. É o destino superior assinado a todos os seres.

A Granja do Silêncio

No momento em que, a meu turno, vou deixar o envoltório carnal, afirmo que tudo se transforma e que tudo só parece morrer a fim de renascer para uma vida mais dilatada e melhor.

À proporção que o espírito triunfa sobre a matéria, o ser humano se afina e a todos os homens suplico que olhem em torno de si, que comparem um pouco mais a história do passado com a história do presente. Mil coisas que lhes parecem obscuras se esclarecerão à luz de uma lógica algo mais apertada.

Nenhuma necessidade há de se criarem novos dogmas, inútil fazer-se de Deus um espantalho. Ajustemos tão somente a ideia de Divindade à de um ser soberanamente bom e veremos desaparecer todas as religiões envelhecidas, cedendo lugar à verdade luminosa que lentamente vai abrindo caminho.

Fatos semelhantes aos que empiricamente comprovei se repetirão e daqui a poucos anos poderão ser apresentados cientificamente sob a condição, todavia, de se libertarem das ideias preconcebidas os cientistas e de só reconhecerem valor relativo às ideias científicas provisoriamente admitidas.

A ciência segue a lei geral: evolve, transforma-se, à medida que o espírito do homem se apura.

Acompanhei muito de perto, nesses últimos anos, todas as discussões científicas e pude verificar que novas teorias avançaram.

Aqueles a quem pomposamente damos o nome de sábios acabarão reconhecendo que bem pouca coisa é ainda a ciência de que se orgulham em presença do campo sem limites que se lhes abre aos trabalhos e aos esforços conscienciosos.

Até aqui, a falta imperdoável em que eles têm incorrido consiste em aplicarem à ciência do espírito os

Paul Bodier

métodos de descontinuidade e de mecanismo que serviram para construir a ciência dos corpos.

A do espírito tem que ser, necessariamente, uma ciência original. Contudo, será sempre uma ciência natural, por isso não pode deixar de ser, também, a ciência experimental de um organismo vivo, se bem que de um organismo singular entre todos, visto que é, literalmente, um organismo sem órgãos.

Não se faz mister que a ciência obstrua as portas que não possa abrir, como necessário não é que se suprima a ciência para dar lugar à crença. Basta que se fixem os respectivos domínios dessas duas atividades igualmente essenciais e que se evite traçar-lhes delimitações por demais restritas.[9]

Entrevejo, pressinto nitidamente o advento próximo de uma ciência ampliada, aumentada consideravelmente pelo estudo acurado da natureza do ser humano.

Ah! orgulho dos sábios, orgulho dos tolos, orgulho dos de espírito acanhado, orgulho dos poderosos deste mundo, orgulho de todos os que possuem bens materiais! A ciência, a bela ciência, a verdadeira, vai matar-te irremediavelmente. Amanhã, já nada mais serás, nada mais que uma palavra que ninguém ousará sequer balbuciar.

Remontando passo a passo às causas primeiras, cada vez mais lógicas e mais exatas se tornarão as deduções e, sem que seja necessário nos encerremos num dogmatismo rigoroso, como o fizeram até agora os sábios materialistas, chegaremos a entrever as verdades novas, facilmente verificáveis pelos meios científicos de que então disporemos.

Ampliada, renovada, deslumbrante de verdade, essa ciência reinará em breve sobre os homens e os elevará a todos, até a beleza, até a luz, até a sabedoria.

---

[9] N E.: O Espiritismo não é, com efeito, adversário das religiões. Ele unicamente as vem completar, renovar, purificar. Esse o verdadeiro Espírito de Verdade que Jesus prometeu.

APÊNDICE

A narrativa deixada pelo Dr. Gilles Bodin prescindiria perfeitamente de comentários. Entretanto, julgamos conveniente inserir aqui algumas notas complementares, lançadas no manuscrito.

Ligeiras observações pessoais, acrescentadas a essas notas, justificarão, por outro lado, a aventura em que teve parte o mesmo doutor e que o orientou muito positivamente para as teorias do Espiritismo.

Ora, toda gente hoje fala dessa Doutrina e das variadas manifestações espíritas. Porém, com exceção de alguns iniciados e de reduzido número de pensadores e de sábios, que se deram ao trabalho de o estudar cuidadosamente, e, sobretudo, racionalmente, nada se equipara à ignorância das massas a tal respeito.

Já sobre esse ponto dizia o Dr. Encausse (Papus), no Congresso Espírita Internacional de Paris, em 1889:

> O público profano mostra uma tendência bem acentuada para zombar do que só imperfeitamente conhece. As ideias correntes acerca do Espiritismo constituem disso frisantes exemplos.

Paul Bodier

Imaginam, em geral, que os espíritas são pobres de espírito, que em grupos pequenos se reúnem para pôr em movimento diversos móveis. Com o maior cuidado, sustentam essas ideias as corporações científicas constituídas, que pouco se preocupam com o fato de um ramo qualquer da ciência ser estudado à revelia delas.

Por isso mesmo é dever precípuo de todo homem esclarecido, que se interessa pelas aludidas ideias, fazer ressaltar o caráter sério de tais estudos. *Sábios de grande mérito têm estudado os fenômenos espíritas em todos os países e proclamado que são reais.* É o que, antes de tudo, precisa ser bem compreendido.

Motivo de grande decepção para um sábio é ver a matéria perder subitamente o seu peso e desaparecer-lhe a impenetrabilidade sob a ação de forças mal definidas (cientificamente); é-lhe aflitivo ver que em poucos segundos se constituem seres com a aparência de criaturas vivas e vê-las desaparecer tão rapidamente quanto se formaram. Se não são loucos, aos que afirmam a realidade desses fenômenos, necessário se vai tornar que, segundo outro plano, sejam refeitos todos os livros de física, de química e de história natural, verdadeiros livros santos do século XIX.

É aflitivo, confesso-o, porém, afinal de contas, que a ciência atual assenta sobre fatos e não sobre hipóteses, e forçoso será, mais cedo ou mais tarde, admitir os fatos a que me refiro, embaraçosos para as teorias atuais, mas que nem por isso deixam de ser reais, como todos os que diariamente vêm expostos nos livros de ensino.

Nas notas juntas ao seu manuscrito, o Dr. Gilles Bodin teve o cuidado de dizer muito exatamente o que é o moderno Espiritismo.

O Espiritismo, diz ele, é um sistema filosófico bem definido: o homem, seu passado, sua razão de ser, seu futuro, tal são os principais assuntos de que trata a filosofia espírita.

A GRANJA DO SILÊNCIO

O homem se compõe de três princípios muito distintos:
1 – o corpo material, suporte e meio de ação de dois outros princípios;
2 – o Espírito, causa da consciência, da inteligência e da vontade;
3 – entre esses dois princípios opostos, o perispírito, ou laço fluídico, que religa o espírito ao corpo e que acompanha o primeiro após a morte terrena e lhe serve de novo corpo.

O corpo, o perispírito e o espírito são os três princípios que formam o homem.

Mas de onde vem esse homem e para onde vai?

Segundo o Espiritismo, a alma humana tende ao aperfeiçoamento indefinido. Sucessivas encarnações constituem o meio que se lhe oferece de efetuar esse aperfeiçoamento. Revestida do seu perispírito, a alma reencarna tantas vezes quantas sejam necessárias ao seu progresso.[10]

Entre cada duas encarnações, ela flutua nos espaços interplanetários e pode pôr-se em comunicação com os que a chamam.

Por ocasião da morte, o perispírito se desliga progressivamente do corpo material que o espírito deixa na Terra como veste que se tornou inútil. Quando se rompe o laço que unia o espírito ao corpo, o homem, para os da Terra, está morto. Acaba de nascer para os do Espaço.

Durante os primeiros tempos dessa separação, o espírito não se apercebe do novo estado a que passou, fica em perturbação, não acredita que está morto. Só gradativamente,

---

[10] Nota do Autor: A teoria das encarnações sucessivas será sempre dificilmente aceitável para os potentados da Terra, porque lhes fere de frente o orgulho. Os que possuem riquezas e os que mandam não se conformam em aceitar o que consideram uma degradação. Entretanto, mais de um mal rico virá mendigar à porta do seu palácio, e o orgulhoso, ensoberbecido da sua autoridade, se verá constrangido, a seu turno, a ser mandado.

ao cabo às vezes de muitos dias, de muitos meses até, se torna consciente daquele estado. Vê-se então cercado de seus parentes de outrora, de seus amigos, de todos os que agora são para ele os únicos vivos. Como mortos passa a ver os vivos da Terra. Dotado, graças ao seu perispírito, de órgãos mais sutis do que os de antes da sua desencarnação, procura mostrar aos que ficaram no planeta que ainda se acha junto deles e, para isso, atua, por meio do mesmo perispírito, sobre os objetos materiais que os cercam.

Não lhes pode aparecer tal qual agora e sem que aqueles a quem se quer mostrar se prestem a esse efeito, combinando o fluido magnético que possuem (o perispírito que trazem como encarnados) com o que lhe é peculiar. Daí o ver-se constrangido a atuar sobre a matéria. Daí essas pancadas, esses múltiplos estalidos, esses fenômenos inexplicáveis que os que não suspeitam da verdade atribuem ao calor, ao frio, ou às influências meteorológicas.

Em seu novo estado, o Espírito progride, primeiro, por efeito do que vê; depois, pelos ensinos que recebe dos outros Espíritos; finalmente, por influência das venturas, dos bons pensamentos e das preces dos que lhe estiveram ligados na Terra.[11]

Essa permuta de alegrias e progressos entre o mundo visível e o mundo invisível constitui o fundamento da moral do Espiritismo, moral que mesmo os piores inimigos de suas doutrinas reconhecem muito elevada.

O mundo invisível, portanto, é constituído de Espíritos mais ou menos adiantados, bons e maus,

---

[11] Nota do Autor: O mais intratável e intransigente dos católicos não poderá deixar de reconhecer a perfeita analogia dessa doutrina com o que a Igreja romana sustenta, relativamente às almas do purgatório. Apenas, esse purgatório é uma invenção daquela Igreja, que de há muito perdeu todo contato com a sabedoria e a verdade. [Nota registrada na 1.ed. em 1933.]

A GRANJA
DO SILÊNCIO

ignorantes e sábios, tendo à sua disposição fluidos mais ou menos poderosos com os vivos.

Essas relações se estabelecem, regra geral, por meio de objetos materiais que os Espíritos fazem com que se movam, utilizando-se de seus perispíritos, combinando-os com os fluidos dos assistentes e, sobretudo, com o do ser humano que lhes serve de instrumento – o médium.

Para que um Espírito se comunique, é preciso que tenha ao seu dispor o perispírito de um vivo e órgãos materiais. Conjugando seu perispírito com o do médium, é que o Espírito logra utilizar-se dos objetos materiais.

Às vezes, o Espírito atua diretamente sobre o médium adormecido e se serve dos órgãos materiais deste para se manifestar. Em tal caso, nota-se uma mudança na expressão geral da fisionomia do médium e no timbre habitual da sua voz. É um Espírito que fala, valendo-se da laringe e dos órgãos do médium tais como são.

Outras vezes, pode também o Espírito mostrar-se aos vivos, condensando matéria em torno de si. Materializa-se.

Finalmente, noutros casos, o Espírito deixa traços visíveis da sua presença. Objetos materiais são trazidos através das paredes, escritos são diretamente projetados sobre ardósias, ou sobre papel, e um sem-número de outros fenômenos do mesmo gênero se produz.

Esses são os principais meios que os Espíritos desencarnados empregam para se comunicarem com os vivos e lhes mostrar a realidade da existência deles.

*

A aparição descrita em a narrativa do Dr. Gilles Bodin realmente se verificou. Não foi pura e simples alucinação e sim a materialização completa de um ser perfeitamente organizado.

Paul Bodier

Na coleção da *Revue Spirite*, ano de 1859, página 30, deparamos com a explicação seguinte a propósito de manifestações a que serviu de instrumento o célebre médium Home:

No rol das manifestações mais extraordinárias, produzidas com o concurso do Sr. Home, se conta o aparecimento de mãos perfeitamente tangíveis que todos podiam ver e palpar, que seguravam e apertavam e que, depois, subitamente, nenhuma resistência apresentavam quando alguém pretendia pegá-las de surpresa. É este um fato positivo que se produziu em muitas circunstâncias e do qual há várias testemunhas oculares. Por mais estranho e anormal que o fenômeno se afigure, toda a sua aparência de maravilhoso cessará logo que o tornemos compreensível mediante uma explicação lógica. Desde então, entra ele para a categoria dos fenômenos naturais, se bem que de ordem muito diferente da dos que se produzem às nossas vistas e com os quais preciso é que aqueles não sejam confundidos. Nos fenômenos usuais, podem encontrar-se pontos de comparação (como no do cego que percebia o brilho da luz e distinguia as cores pelo som da trombeta), porém não semelhanças. A mania de quererem assimilar tudo ao que conhecemos é precisamente o que induz ao erro tantas pessoas. Imaginam elas que lhes é possível operar com esses novos elementos como com o hidrogênio e o oxigênio. Ora, isso é um erro. Aqueles fenômenos estão subordinados a condições que escapam ao círculo das nossas observações habituais. Cumpre, antes de tudo, que o experimentador conheça essas condições e com elas se conforme se quiser obter algum resultado. É, sobretudo, necessário que não perca de vista esse princípio essencial, verdadeiro fecho de abóbada da ciência espírita: o agente dos fenômenos vulgares é uma força física, material, que se pode submeter às leis do cálculo, ao passo que, nos fenômenos espíritas, o agente é sempre uma inteligência dotada de vontade própria e que, portanto, não podemos submeter aos nossos caprichos.

Havia, naquelas mãos, carne, pele, ossos e unhas reais? Evidentemente, não. Não havia mais do que aparência, porém era tal que produzia o efeito de uma realidade. Se um Espírito tem o poder de tornar visível e palpável uma parte qualquer do corpo etéreo, razão não há para que não possa fazer o mesmo com outros órgãos.

Suponhamos, pois, que um Espírito dê essa aparência a todas as partes do corpo. Julgaremos ter diante dos olhos um ser semelhante a nós, agindo como nós, entretanto, será apenas um vapor momentaneamente solidificado. A durabilidade dessa aparência está submetida a condições que desconhecemos; depende, sem dúvida, da vontade do Espírito, que a pode produzir, ou fazer com que cesse, à sua vontade, mas dentro de certos limites, que nem sempre lhe é permitido transpor. Interrogadas a respeito, bem como sobre as intermitências de qualquer manifestação, os Espíritos sempre dizem que agem em virtude de uma permissão superior.[12]

Se a duração da aparência corpórea é, para certos Espíritos, limitada, podemos dizer que, em princípio, varia, podendo a dita aparência persistir por mais ou menos tempo; que pode produzir-se em todas as épocas e a qualquer hora. Um Espírito cujo corpo todo fosse visível e palpável teria para nós todas as aparências de um ser humano, poderia conversar conosco, assentar-se ao nosso lado como qualquer visitante, por isso que, para nós, seria um dos nossos semelhantes.

---

[12] Nota do Autor: É o que igualmente o fantasma declarou ao Dr. Gilles Bodin: "Muito ao contrário, porém, as vontades superiores que me guiam fizeram com que me apresentasse eu ao senhor, que não é supersticioso, que é um cientista, por ser preciso que um homem assim observe fenômenos desconhecidos, ou, antes, mal conhecidos."

Paul Bodier

Partimos de um fato patente, a aparição das mãos tangíveis, para chegarmos a uma suposição, que é consequência lógica da mesma aparição. Como, para nos entendermos, precisamos de um nome para cada coisa, a Sociedade Parisiense de Estudos Espíritas lhes chama agêneres a fim de indicar que tais seres não são o resultado de geração.

Nos *Anais da Sociedade Dialética, de Londres*, se encontra a narrativa seguinte de um fato dessa espécie:

Em sua sessão de 6 de janeiro de 1869, resolveu a Sociedade que, para estudar os fenômenos do moderno espiritualismo, fosse nomeada uma comissão composta de magistrados, pastores, letrados, cientistas, ao todo 33 membros, com o objetivo de *aniquilar*, pela investigação e *para sempre*, os tais fenômenos espíritas, *que não existiam*.

Ao cabo de 18 meses de estudos continuados, essa comissão apresentava um relatório, concluindo a favor do Espiritismo. Entre outros fenômenos, citava estes: aparições de mãos e de formas, que a nenhum ser humano pertenciam e que pareciam vivas pela ação e pela mobilidade. Essas mãos eram às vezes tocadas e mesmo apertadas pelos assistentes que, por conseguinte, se convenceram de que aquilo não era simples efeito de uma ilusão.

No Congresso Espírita Universal de Genebra, em 1913, o Sr. Léon Denis, notável escritor e discípulo de Allan Kardec, mostrou a absoluta identidade das aparições do Cristo e as manifestações espíritas de nossos dias:

É principalmente no Cristianismo que, do ponto de vista das manifestações, se apresenta a identidade absoluta das aparições do Cristo depois de sua morte. Veem-se ali materializações de todos os graus, tais quais as observamos hoje. Limito-me a considerar os dois casos mais opostos: quando ele aparece a Madalena, diz "Não me toques". Por quê? Porque era apenas uma forma sutil, vaporosa, uma forma quintessenciada, um começo de materialização que o menor contato faria com que se desmoronasse, se dissolvesse. Vede agora um tipo de materialização completa, absoluta. Diz a Tomé: "Mete a tua mão na minha chaga." Aí tendes uma materialização absoluta, definitiva, tão completa quanto a de um homem vivo. Temos, pois, nas aparições do Cristo, todos os graus sucessivos que observamos e que o Sr. Delanne tão bem descreveu em suas obras.[13]

Na sua obra *Cristianismo e espiritismo,* o Sr. Léon Denis ainda mais longamente cita as aparições do Cristo:

Jesus aparece e desaparece instantaneamente. Penetra numa casa com as portas fechadas. Em Emaús, conversa com dois de seus discípulos, que não o reconhecem; depois, dissipa-se. Está de posse desse corpo fluídico, etéreo que existe em cada um de nós, desse corpo sutil, envoltório inseparável de toda alma que um Espírito elevado como o seu sabe dirigir, modificar, condensar e dissociar da vontade. E o condensa a tal ponto que se torna visível e tangível para os assistentes.[14]

Quando do último congresso da Associação Britânica para o Progresso da Ciência, um pouco antes da guerra (1914), Sir Oliver Lodge pronunciou um discurso

---

[13] Nota do Autor: Extrato da resenha do Segundo Congresso Espírita Universal, 1913, p. 49.

[14] Nota do Autor: Léon Denis, *Cristianismo e espiritismo*, p. 75. O mesmo autor também dá, ainda nesse livro, a opinião dos pais da Igreja sobre o perispírito, ou corpo sutil. Essa opinião concorda rigorosamente com a teoria que o Espiritismo hoje apresenta.

Paul Bodier

notável, de que extraímos a passagem seguinte, de considerável interesse para os espíritas:

Ou somos seres imortais, ou não o somos. Podemos desconhecer o nosso destino, mas forçoso é que tenhamos um destino qualquer. Os que amontoam negações têm tantas probabilidades de estar em erro como os que avançam afirmações sob forma negativa. Os homens de ciência são considerados autoridades e deveriam ter o cuidado de não arrastar ao erro a humanidade. A ciência pode ser capaz de fazer conhecido o destino humano, mas deveria, ao menos, não o obscurecer. As coisas são como são, quer a percebamos, quer não, e, se emitimos asserções precipitadas, a posteridade o descobrirá, se a posteridade alguma vez se preocupar conosco.

Sou dos que pensam que os métodos científicos não são tão limitados no seu objetivo, como no-lo ensinaram; entendo que podem ser aplicados de modo muito mais amplo e que o domínio psíquico também pode ser estudado e reduzido a leis.

Façamos, em todo caso, a tentativa; deixem-nos livre o campo para isso. Desenvolvam sua tese os que preferem as hipóteses materialistas, tanto quanto lhes seja possível, mas vejamos o que podemos fazer no domínio psíquico e vejamos qual dos dois tem que ser o vencedor. Nossos métodos são, na realidade, os mesmos que os deles, apenas difere o objeto dos estudos. É preciso que os dois partidos não venham a questionar por causa dessa tentativa.

Para fazer justiça a mim mesmo e aos meus colaboradores, forçoso me é aborrecer algum tanto o meu atual auditório, não só afirmando a nossa convicção em que fatos presentemente considerados como ocultos podem ser examinados e coordenados por meio de métodos científicos aplicados rigorosamente e com persistência, mas também indo mais longe e dizendo, aliás sumariamente, que os fenômenos assim examinados me convenceram de que a memória

A GRANJA DO SILÊNCIO

e as afeições não estão limitadas a essa combinação com a matéria, mediante a qual elas apenas podem manifestar-se aqui e agora e que a personalidade persiste além da morte do corpo.

As provas que temos reunido tendem, na minha opinião, a nos mostrar que a inteligência desencarnada pode, em certas condições, comunicar-se conosco do lado material, pondo-se assim diretamente ao alcance do nosso conhecimento científico, e que podemos nutrir a esperança de chegar gradualmente a conseguir alguma compreensão da natureza de uma existência mais dilatada, talvez etérea, e das condições a que se acham sujeitas as relações por meio do abismo.

Um corpo de investigadores sérios acaba de desembarcar nas plagas traidoras, mas prometedoras, de um novo continente. Os métodos científicos não constituem o caminho único para se chegar à verdade, se bem sejam o nosso caminho.

Depois de tão preciosas palavras, os que assintam em estudar os fenômenos do Espiritismo terão sempre razão para dizer que o tempo da negação realmente passou. Estão no direito de proclamar que agora são explicáveis, com o apoio da ciência, certos fenômenos cuja denominação pode diferir conforme os indivíduos que os comprovem cientificamente, ou apenas empiricamente, mas procedem das mesmas causas e se conservam, por conseguinte, demonstráveis, cedo ou tarde, pelos métodos científicos tão caros aos puros materialistas.

Não estão distantes os tempos em que a ciência achará a verdadeira fórmula capaz de agremiar todos os indecisos.

Entramos, não há que duvidar, num período de intensa atividade religiosa, mas essa atividade religiosa, ao contrário do que ocorreu até aqui, precisará, para se desenvolver, apoiar-se na ciência, que deixará de ser intransigente e dogmática.

Paul Bodier

Unidas como duas irmãs, eternas viajoras pelos mundos, no infinito dos espaços e na eternidade dos tempos, a ciência e a crença avançarão, cada vez mais fortes, cada vez mais ligadas, para a última potência e constantemente se prestarão mútuo e fraterno auxílio.

E, nas pegadas luminosas de ambas, as humanidades, conscientes, afinal, de seus grandiosos destinos, se lançarão jubilosas à conquista da sabedoria e da ciência divinas.

*

Pensam muitas pessoas que o Espiritismo é inimigo das religiões e que as vem combater.

É um erro, aliás, cuidadosamente alimentado pelos ministros dos diferentes cultos.

As igrejas, nunca será demais repeti-lo, perderam todo contato com o espírito de verdade. Convém, no entanto, definir com precisão, perante elas, o papel do Espiritismo, porquanto crer que o sobrenatural constitui o fundamento necessário de toda religião é sustentar uma tese perigosa.

Allan Kardec, em sua obra *A gênese, os milagres e as predições segundo o espiritismo,* explicou luminosamente este ponto:

Não é do sobrenatural que necessitam as religiões, mas do princípio espiritual que erradamente se confunde com o maravilhoso e sem o qual não há religião possível. O Espiritismo considera as religiões e, em particular, a religião cristã, de um ponto de vista mais alto; dá-lhe uma base mais elevada do que os milagres: as leis naturais de Deus que regem o princípio material. Essa base desafia o tempo e a ciência, por isso que o tempo e a ciência virão a sancioná-la.

Ora, a ciência espírita traz aos homens a revelação perfeita da lei de evolução.

A Granja do Silêncio

Ela nos dá a conhecer as condições de vida dos habitantes do Além. Dá-nos a conhecer as leis que lhes presidem aos destinos ultraterrestres: a lei de conservação, em virtude da qual guardam todos os traços essenciais e característicos de identidade intelectual, sentimental, moral, até mesmo física, suas formas, seus caracteres, suas afeições, suas ideias; lei de ação e de reação, em virtude da qual são ditosos ou desgraçados na proporção do bem ou do mal que hajam feito; lei de evolução, isto é, de progresso e de progressão ao mesmo tempo, em virtude da qual eles existem para destinos cada vez mais elevados, sob a condição de que só gradualmente chegarão a realizá-los; lei de adaptação, em virtude da qual se transportam, ou melhor, são sucessivamente atraídos para regiões do Espaço, ou para os modos de existência que lhes assinam seus méritos e seus corpos fluídicos (cuja densidade varia com a qualidade da alma que o anima), respondendo automática e necessariamente ao chamamento das forças magnéticas do plano espiritual – e deste somente – que corresponde à substância dos ditos corpos.[15]

A ciência de ontem ajudara, com suas lacunas e sofismas, a matar a fé; a ciência nova, ao contrário, conduz o homem à fé que ela ressuscitou.

*

É raríssimo o fenômeno de transfiguração de que o Dr. Gilles Bodin foi testemunha, mas não é excepcional.

Pode ocorrer de modo material, em circunstâncias tais que seja possível, por meio de um aparelho fotográfico, reproduzirem-se as imagens das diversas fases que apresenta.

---

[15] Nota do Autor: BRUN, Henri. *La Foi Nouvelle*. Paris: Paul Leymarie,

Paul Bodier

A transfiguração não é mais do que uma modificação de aparência, uma mudança, uma alteração dos traços fisionômicos, operável pela ação do próprio Espírito sobre o seu envoltório, ou por uma influência estranha. O corpo não muda nunca, mas, em consequência de uma contração nervosa, toma aparências diversas.

Estudando o perispírito e suas diversas modalidades é que se chega a compreender como pode produzir-se o fenômeno da transfiguração.

Com efeito, pois que o perispírito tem a possibilidade de insular-se do corpo e tornar-se visível e a de, por sua extrema sutileza, revestir aparências diversas à vontade do Espírito, sem dificuldades se concebe que é isso o que se dá numa pessoa transfigurada. O corpo se conserva o mesmo, só o perispírito muda de aspecto e, em virtude da fascinação que exerce sobre o observador, o corpo real fica, de certo modo, velado pelo Espírito.

Aliás, é, geralmente, de curtíssima duração o fenômeno.

*

Em suas notas, o Dr. Gilles Bodin deu, do desenvolvimento do Espírito, uma curiosa definição que aqui transcrevemos:

O Espírito, na origem da sua formação, como essência espiritual, princípio de inteligência, sai do todo universal. O que chamamos "todo universal" é o conjunto dos fluidos existentes no Espaço. Esses fluidos são a fonte de tudo que existe, quer no estado fluídico, quer no estado material.

O Espírito, na sua origem, como essência espiritual, se forma da quintessência desses fluidos.

A vida universal está assim, por toda a natureza, em germens eternos, graças a essa quintessência dos fluidos que somente a vontade de Deus anima conformemente às necessidades da harmonia universal, às necessidades de todos os mundos, de todos os reinos, de todas as criaturas, no estado material ou no estado fluídico.

Ao serem formados os mundos primitivos, na sua composição entram todos os princípios de ordem espiritual, material e fluídica, constitutivos dos diversos reinos que os séculos terão de elaborar.

O princípio inteligente se desenvolve ao mesmo tempo em que a matéria e com ela progride, passando da inércia à vida. Deus preside o começo de todas as coisas, acompanha paternalmente as fases de cada progresso e atrai a si tudo o que haja atingido a perfeição.

Essa multidão de princípios latentes aguarda, no estado cataléptico, sob a influência dos ambientes destinados a fazê-los desabrochar, que o soberano Mestre lhes dê destino e os aproprie ao fim a que devam servir, segundo as leis naturais, imutáveis e eternas por ele mesmo estabelecidas.

Tais princípios sofrem passivamente, por meio das eternidades e sob a vigilância dos Espíritos prepostos, as transformações que os hão de desenvolver, passando sucessivamente pelos reinos mineral, vegetal e animal e pelas formas e espécies intermediárias que se sucedem entre cada dois desses reinos.

Chegam dessa maneira, numa progressão contínua, ao período preparatório do estado de Espírito formado, isto é, ao estado intermédio da encarnação animal e do estado espiritual consciente.

Depois, vencido esse período transitório, chegam ao estado de criaturas possuidoras do livre-arbítrio, com inteligência capaz de raciocínio, independentes e responsáveis pelos seus atos. Galgam, assim, o fastígio da inteligência, da ciência e da grandeza.

Paul Bodier

Porém, no curso dessa longa transformação, quanto mais inferior é o Espírito, tanto mais pesados e opacos são os fluidos perispiríticos. Da maior ou menor elevação do Espírito depende a maior ou menor quantidade de fluidos puros que entram na composição do seu perispírito.

Entre os que se transviam, Espíritos há que, no curso do seu desenvolvimento e por vezes mesmo ao ensaiarem os primeiros passos, teimam em fazer mal uso do livre-arbítrio e se tornam obstinadamente orgulhosos, presunçosos, invejosos, indóceis aos seus guias, contra os quais se revoltam.

Esses Espíritos presunçosos e revoltados, para serem domados e progredirem sob a opressão da carne, encarnam em mundos primitivos.

Revestido do seu perispírito e sob a direção e vigilância dos Espíritos prepostos, o Espírito atrai aqueles elementos destinados a lhe formarem o invólucro material do mesmo modo que o ímã atrai o ferro. Ainda aí se verifica o resultado de uma atração magnética prevista e regulada pelas leis naturais e imutáveis, constituindo esse resultado uma das aplicações de tais leis.[16]

Após a queda e antes de encarnar, o Espírito, pelas suas tendências naturais, tem composto o seu perispírito, conservando os fluidos que ele para tal fim assimilou, a influência que lhes é própria. No curso da encarnação, esses fluidos mudam de natureza, de acordo sempre com os progressos ou as faltas do Espírito. Se a encarnação produz uma melhoria no estado moral, os fluidos que constituem o perispírito experimentam uma correspondente melhora.

---

[16] Nota do Autor: A teoria exposta pelo Dr. Gilles Bodin é exatamente semelhante à teoria apresentada por Henri Brun, loc. cit.

Entre os que se transviam, muitos há também cujo transviamento só se dá depois de terem sido por largo tempo, por séculos, dóceis aos Espíritos incumbidos de os guiar e desenvolver; depois de haverem trilhado, simples e gradualmente, até um certo ponto mais ou menos avançado de desenvolvimento moral e intelectual, a senda do progresso que lhes era indicada. Esses encarnam em planetas mais ou menos inferiores, mais ou menos elevados, conforme a grau de culpabilidade, a fim de sofrerem uma encarnação mais ou menos material, mais ou menos fluídica, apropriada e proporcionada à falta cometida e às necessidades do progresso, atenta à elevação espiritual.

Assim como Deus criou, cria e criará, em contínua progressão, na imensidade, no Infinito e na eternidade, essências espirituais, Espíritos, também criou, cria e criará mundos adequados a todos os gêneros de encarnação para os que se transviaram, transviam e transviarão. Assim, sempre houve, há e haverá, por um lado, terras primitivas, mundos materiais, ou mais ou menos inferiores, mais ou menos elevados, mais ou menos superiores, uns em relação aos outros, e, por outro lado, mundos cada vez menos materiais, cada vez mais fluídicos, até os planetas da mais pura fluidez, que se podem chamar mundos celestes, divinos, aos quais só têm acesso os Espíritos puros.

Os Espíritos que, dóceis aos seus guias, seguem simples e gradualmente a diretriz que lhes é indicada para progredirem, esses trilham o caminho do progresso por meio de esferas fluídicas sucessivamente mais elevadas, onde tudo está em relação com as inteligências que as habitam.

Paul Bodier

Permanecendo dóceis aos seus guias, elevam-se dessa forma, pela eternidade afora, depois de haverem passado por todas as fases de existência, por todas as provas necessárias a uma ascensão tão alta, até chegarem à perfeição. Nula se torna então sobre eles a influência da matéria.

Para atingirem essa perfeição, cumpre-lhes também, dirigidos pelos seus guias, percorrer, na medida e na conformidade da elevação alcançada, mas sempre no estado de Espíritos, todas as esferas, as terras primitivas, os mundos inferiores e superiores de todos os graus, as inúmeras moradas dos que, por terem falido, sofrem as encarnações e reencarnações sucessivas, tanto materiais como fluídicas, em suas diversas gradações, até que, tornada nula sobre eles a influência da matéria, tenham entrada na categoria dos puros Espíritos.

Quando o homem perceber os laços que o prendem a tudo o que é na Criação, seu coração se abrandará e ele compreenderá a necessidade de usar sem abusar.

Tudo, na grande unidade da Criação, nasce, existe, vive, funciona, morre e renasce para harmonia do universo segundo as leis naturais e imutáveis que Deus estabeleceu desde toda a eternidade.

Nada há de espontâneo na natureza, tudo tem a sua origem preparada. Ao homem só é possível observar os efeitos que lhe ferem os sentidos. O que nasce instantaneamente, sem que ele previsse a possibilidade de semelhante nascimento, se lhe afigura uma criação espontânea. A verdade, entretanto, é que já existiam os germes dessa criação. Aos olhos dos homens, o que há de espontâneo é só a matéria. A inteligência, ou antes, o gérmen da inteligência que a tem de habitar é colocado na matéria logo que esta o pode conter, e a vida se manifesta às vistas humanas instantaneamente, de conformidade com o meio e os ambientes, debaixo da direção e da vigilância ocultas aos Espíritos prepostos e de acordo com as leis naturais.

Nada há oculto que não venha a ser descoberto e nada ignorado que não venha a ser conhecido. Deus se encarrega de ajudar os que trabalham.[17]

*

O Dr. Gilles Bodin tentou obter, com a Sra. de L., hipnotizada, o fenômeno de regressão da memória e parece que o conseguiu perfeitamente.

Nesses últimos anos, outros experimentadores têm obtido resultados, senão absolutamente probantes, pelo menos muito curiosos e que de certo modo demonstram ser possível fazer-se que, mergulhado em sono hipnótico, o sensitivo percorra, em sentido inverso, uma parte das existências que já viveu.

Contudo, a esse respeito é necessário que se guarde prudente reserva.

Importa que esse gênero de experiência, aliás, difícil, se desenvolva confiado a experimentadores esclarecidos. Podemos, entretanto, afirmar que alguns sensitivos, examinados por personalidades espíritas e por sábios,

---

[17] Nota do tradutor: A teoria do desenvolvimento do espírito, constante das notas do Dr. Gilles Bodin, como está exposta nos parágrafos acima destacados e que o autor diz ser idêntica à de Henri Brun sobre o mesmo assunto, é exata e absolutamente acorde com a que se encontra na Revelação da Revelação, de J. B. Roustaing, na qual também se encontram elucidações análogas às que vêm exaradas nos parágrafos que àqueles se seguem, até o ponto em que intercalamos a presente nota, o que fazemos com o intuito de assinalar o testemunho que, assim, o autor de *A granja do silêncio* dá do valor daquela obra, com o de apoiar no que se nos depara em um de seus capítulos mais importantes.

Paul Bodier

têm manifestado claramente todos os caracteres que o Dr. Gilles Bodin assinalou. Esses sensitivos chegaram a reviver duas, três e quatro existências anteriores, nas suas linhas principais, bem entendido, e a fornecer detalhes bastantes a darem aparência de verdade à manifestação de que tratamos.

Mais uma vez, porém, recomendamos, a esse propósito, a maior prudência e a obtenção de provas mais abundantes que fixem definitivamente o progresso e as regras que se devem seguir para levar a bom termo a experimentação.

*

Muitas vezes, no curso da terrível guerra mundial, pensamos nas revelações do Dr. Gilles Bodin, quando contemplávamos as aldeias devastadas pela metralha e pelo incêndio, as casas desmoronadas e as pedras enegrecidas pelo fogo.

No entanto, a natureza, paciente e fecunda, já revivificou, reanimou todas aquelas ruínas. Habitam-nas os pássaros e nelas fazem seus ninhos, cantando sobre o que resta dos tetos derruídos; por entre as pedras acumuladas no solo, desabrocham as flores e pouco a pouco a erva invade o terreno desnudo. Daqueles inextricáveis labirintos, como que desponta uma vida nova; das ruínas, como que se eleva um murmúrio, enquanto que o radioso Sol dardeja suas setas de ouro sobre os pedaços de paredes que ainda se conservam eretos.

Por toda a parte circula a vida. Não pode a natureza reter o curso da sua constante procriação, e, diante de tantos milhares de túmulos, o pensador se comunica intimamente com as mortos gloriosos, cujos despojos carnais, somente eles, se encontram escondidos debaixo dos cômoros verdejantes e ensolarados.

Ele sabe que a vida não se detém e que para todos, sem exceção, ela continua na luz, na alegria. Deus, o Deus bom e misericordioso, transbordante de amor, recompensa a todas as suas criaturas. Ele não é, não pode ser, o Deus vingador, cheio de cólera, que homens odientos ousaram fazer à sua própria imagem.

Retrocedei, ignorantes! Talvez que ainda por longo tempo sejais habitantes das esferas mais ínfimas. Um dia, porém, a verdade vos mostrará a magnífica estrada que leva à luz.

Queiram ou não queiram, malgrado os dogmas odiosos das religiões, os mortos são sempre dos nossos, o mundo invisível e o mundo visível não são dois mundos, mas um só, apenas apresentando modalidades diferentes da vida sempre intensa em ambos.

Compete à ciência espírita, em crescimento constante, proclamar bem alto a íntima solidariedade entre os vivos e os mortos. Cabe-lhe doravante o sagrado encargo de reanimar as coragens desfalecidas, estimular as energias benfazejas, esclarecer os entendimentos, preparar a verdadeira religião, a religião do Amor, a do Cristo, desfigurada pelas violências e pelos ódios. É preciso que, pelas demonstrações exatas, ela chegue a ver o que ultrapassam as nossas esperanças, provando que Deus não é Deus de mortos, mas o ente supremo, o Deus eterno e majestoso dos vivos.

Conselho Editorial:
Jorge Godinho Barreto Nery – Presidente
Geraldo Campetti Sobrinho – Coord. Editorial
Edna Maria Fabro
Evandro Noleto Bezerra
Maria de Lourdes Pereira de Oliveira
Marta Antunes de Moura
Miriam Lucia Herrera Masotti Dusi

Produção Editorial:
Rosiane Dias Rodrigues

Revisão:
Anna Cristina Rodrigues
Elizabete de Jesus Moreira

Capa, Projeto Gráfico e Diagramação:
Thiago Pereira Campos

Foto de Capa:
http://www.istockphoto.com/Lukashev

Normalização Técnica:
Biblioteca de Obras Raras e Documentos Patrimoniais do Livro

Edições
A GRANJA DO SILÊNCIO

EDIÇÃO	ANO	TIRAGEM	FORMATO	EDIÇÃO	ANO	TIRAGEM	FORMATO
1	1933	4.000	13X18	9	1991	5.000	13X18
2	1939	3.000	13X18	10	1992	5.000	13X18
3	1945	3.000	13X18	11	1995	5.000	13X18
4	1957	5.000	13X18	12	1998	4.000	13X18
5	1971	5.000	13X18	13	2006	500	12,5X17,5
6	1978	10.000	13X18	14	2007	1.000	12,5X17,5
7	1982	10.000	13X18	15	2015	1.500	14X21
8	1987	10.000	13X18	15	2016	5.000	13,8X21

Esta edição foi impressa pela Lis Gráfica e Editora Ltda, Bonsucesso, SP, com tiragem de 5 mil exemplares, todos em formato fechado de 140x210 mm e com mancha de 94x152 mm. Os papéis utilizados foram o Lux Cream 70 g/m² para o miolo e o Cartão Supremo 300 g/m² para a capa. O texto principal foi composto em fonte Adobe Garamond 12/13 e os títulos em Adobe Garamond 20/13. Impresso no Brasil. *Presita en Brazilo.*